鈍行列車は南へ、南へ。
風が熱い（タイ）

ジャングルトレイン。
列車は圧倒的な熱帯雨林の精気に包まれていた（マレーシア）

いつの間にか車内には僧侶専用席ができあがる。
小乗仏教の国の流儀だ（タイ）

〈右上〉この市場の客は列車ではなく、線路を歩いて買い物にやってくる。マニラですから
〈左上〉列車を降りたら線路を歩いて帰宅。これもマニラの常識
〈右下・左下〉1977年（昭和52年）につくられた日本の列車が、ぼろぼろになりながらもマニラを走っている。車内には切なさが漂っている
（すべてフィリピン）

18C 18D

国鉄の線路を勝手に使って
トロリーという手押しトロッコが走る。
上りと下りは当然こうなる。単線ですから
（フィリピン）

〈右上・左上〉ベトナムのローカル列車はひとつの家のよう。子どもが遊び、窓際には植木。車内はうるさいが温かい（ベトナム）
〈左下〉通過駅でも職員が手旗。東南アジアとは思えない律儀さ（ベトナム）
〈右下〉ランブータンが盛りだった。きっと気が抜けるほど安いんだろうな。タップチャン駅前（ベトナム）
〈左下〉列車が停車すると、乗客は食料を買いにホームへ。このときの気温は氷点下（中国）

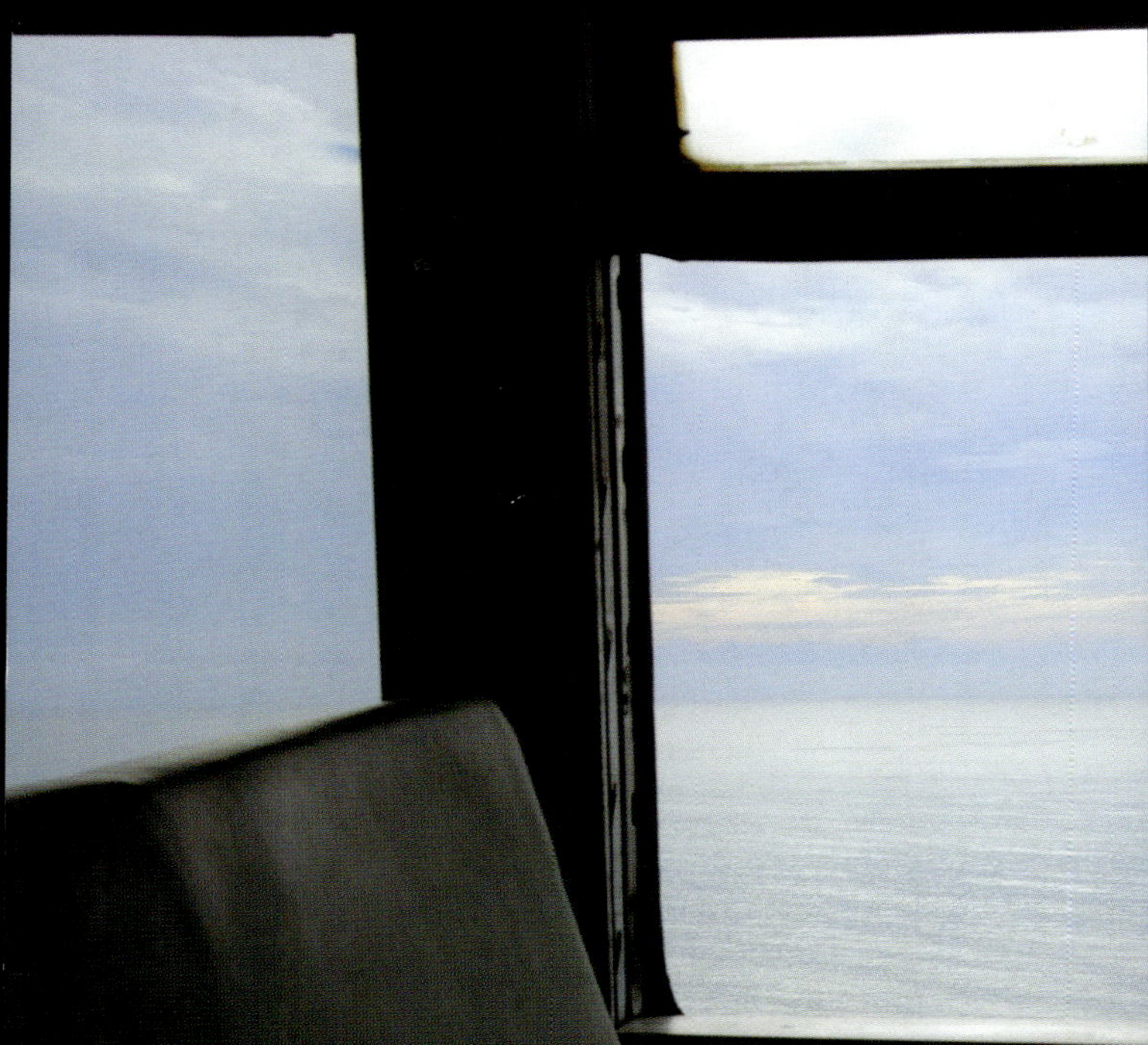

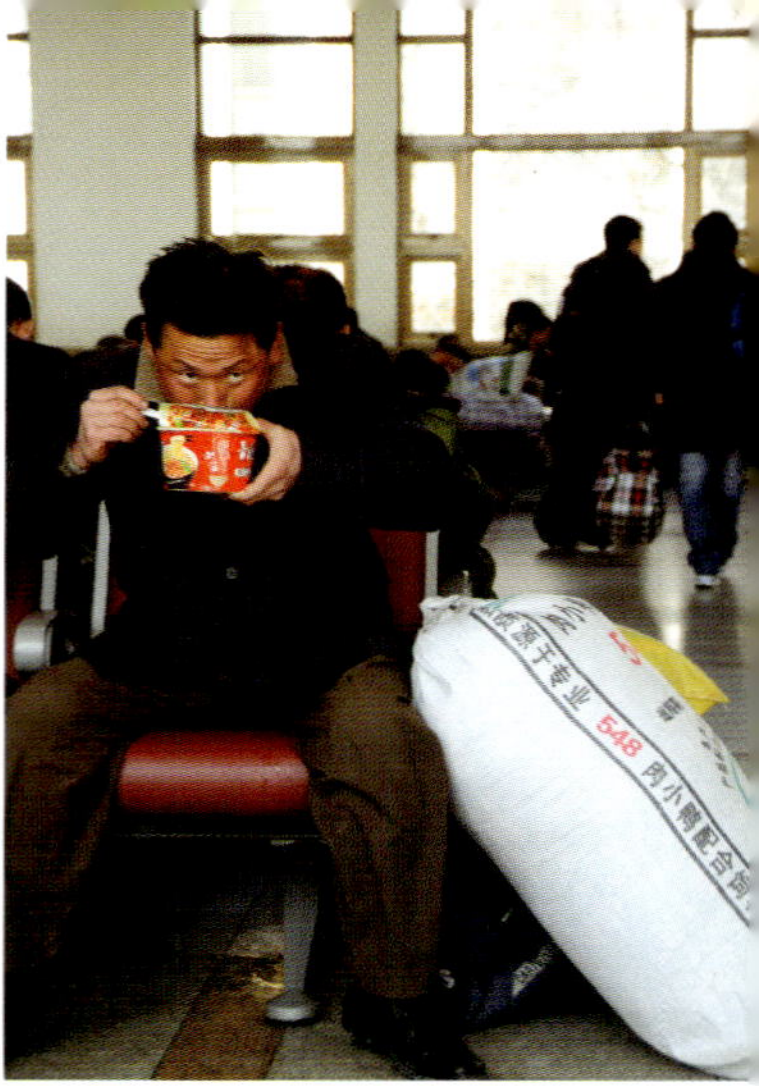

〈右上〉カップ麺は中国人の心の支え。列車旅の友（中国）
〈中央上〉瀋陽行きには食堂車が連結されていた。ただし高いので人気なし（中国）
〈右下〉タイの鈍行列車には格安ビールも積まれている。列車のなかではなんでもおいしい（タイ）
〈左上〉早朝、ソウルに向かうローカル列車。今日はデート？（韓国）
〈左下〉彼女らはこの体勢のままひと晩すごす。やはり中国の硬座の旅はつらい（中国）

KORAIL

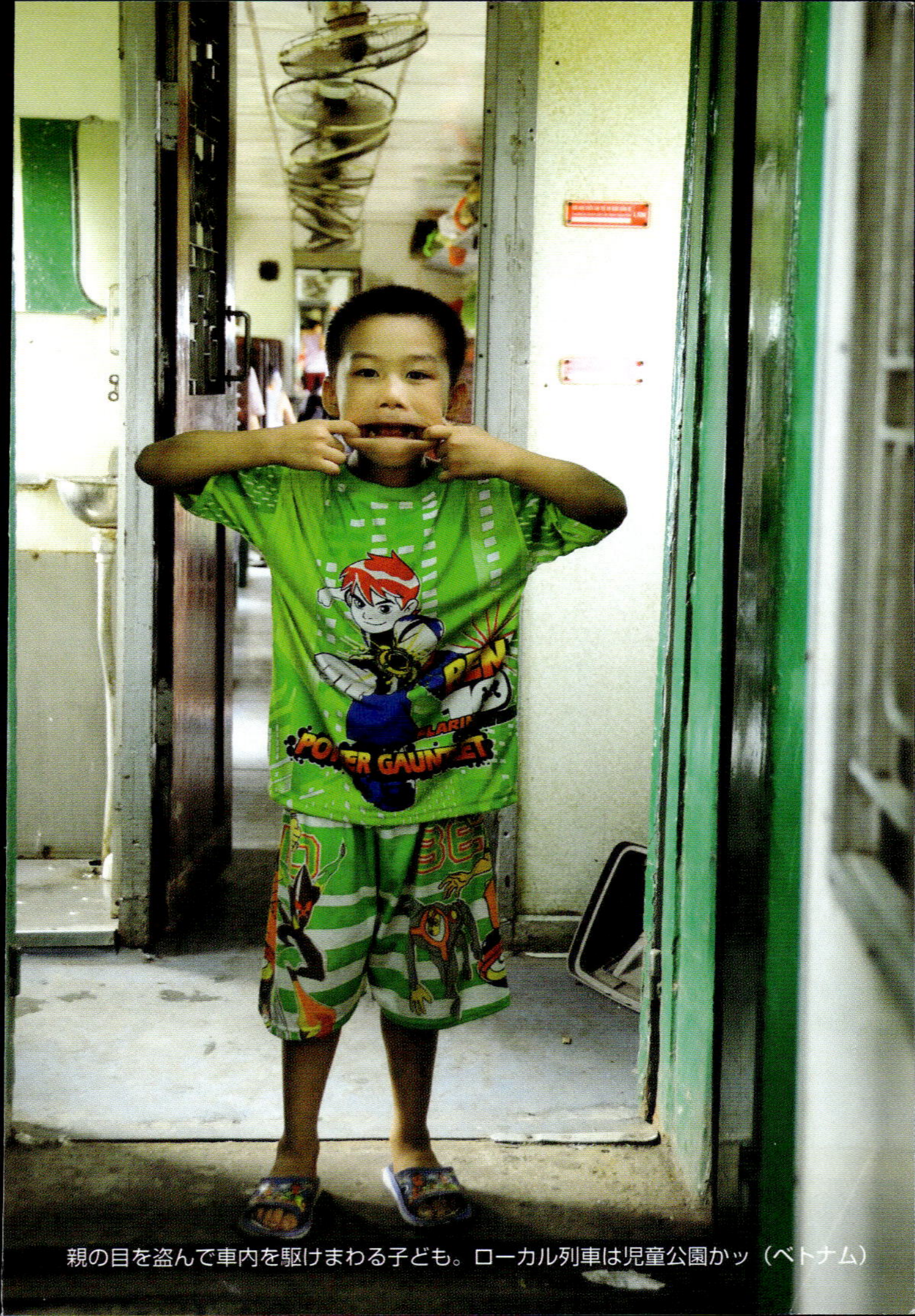

親の目を盗んで車内を駆けまわる子ども。ローカル列車は児童公園かッ（ベトナム）

双葉文庫

鈍行列車のアジア旅

下川裕治＋中田浩資

口絵・本文写真　中田浩資
口絵・本文デザイン　山田英晴
地図　ログテック　加藤博夫

目次

プロローグ

それはちょっとした旅の思いつきだった。

二年ほど前だったろうか。僕はタイのなかの沖縄を探し歩いていた。バンコクの寺院の代表格でもあるワット・ポーで琉球人像を探した。戦前、この寺の石段の脇の両側には、琉球人像が、まるで狛犬のように立っていたという。この琉球探しは、やがてアユタヤに辿りついた。この町のチャオプラヤー川沿いにある日本人町跡は、十五、六世紀にあった琉球町の上につくられたものだった。日本人町跡の脇に建つ博物館の職員が教えてくれた。

「琉球人はサーイ・ロムと呼ばれていたんですよ」

「サーイ・ロム……」

ロムはタイ語で風のことを差す。サーイの訳は難しい。いろんな意味がある。「人」の意味も含んでいる。

「〝風の人〟って感じかな」

「季節風に乗ってアユタヤまでやってきた……」

「たぶん」

アユタヤの中心街に戻ったのは午後の二時頃だった。

翌日の夕方、北部のチェンマイに用事があった。さて、どうしようか……。時間はあった。いったんバンコクに戻り、夜行バスでチェンマイに行くこともできる。バンコクで一泊し、ＬＣＣと呼ばれる格安航空会社の便でチェンマイに向かう方法もあった。僕はアユタヤ駅のホームで、ちょっと迷っていた。

ふと、ホームに掲げられた時刻表が目に止まった。わかりにくい時刻表だった。アユタヤ駅に停車する列車をまるで思いつきのように表示しているのだ。時刻に沿っているわけでもなく、目的地で分けられていることもない。列車番号もバラバラだ。そこには法則性などなにもなかった。だから、乗客は誰も見ないという時刻表だった。

時間がなければ、僕もきちんとは見なかっただろう。ホームのベンチに座ると、心地いい風が吹いてくる。

「バーンタクリー」

ひとつの行き先が目に留まった

「タクリー」

懐しい地名だった。

僕は二回、バンコクに暮らしてタイ語を習っている。一回目はタイ人家庭に下宿をさせてもらった。その家の主人たちは、タイ中部のウタイターニーの出身だった。その家にはよく、ウタイターニー周辺に住む人たちがやってきた。そのなかのひとりにレーさんがいた。彼の家がタクリーにあった。

二回目のバンコク暮らしは家族も一緒だった。最初に下宿をした家の近くにあったアパートを借りた。一度、家族でタクリーにあるレーさんの家に遊びに行ったことがある。そのときはイーというおばさんも一緒だった。イーは子どもの世話や食事、掃除、洗濯をやってくれた。彼女は最初に下宿をした家の奥さんの妹で、レーさんの知り合いでもあった。

「そうだ。イーに会いに行こうか」

次々に当時、つきあっていたタイの顔が浮かんでくる。彼女はいま、ナコンサワンという街に暮らしていた。ナコンサワンはタクリーからそう遠くない。

窓口に向かった。

「もうすぐバーンタクリー行きは来ますけど、あと一時間ほど待てば、ナコンサワン行きが来ますが」

ナコンサワンからチェンマイまではなんとかなるような気がした。この街は、バンコクとチェンマイの中間ぐらいにある。列車もあるかもしれない。バンコクからチェンマイに向かう長距離バスに、途中から乗ることもできるだろう。

イーの家に一泊した。夕食のテーブルを囲みながら、明日、チェンマイに行かなくてはいけないことを伝えた。イーの主人が得意げに教えてくれる。

「そりゃ、バスのほうが便利だよ。本数も多いし、早いしな。でも、いまは列車がタダなんだ。全部の列車じゃないけど、朝五時発のチェンマイ行きはタダだったはずだよ。各駅に停まる鈍行だけどね」

「タダ？」

「そう、政府がそう決めたんだ」

リーマンショックに端を発した景気の後退へのタイ政府の決定だった。当時、日本でも行われた定額給付金のタイ版のようなものだった。バンコク市内を走るバスの一部や列車が無料になった。僕もバンコクでこのバスに乗ったことがある。フロントガラスにタイ語で「フリー」と書かれていた。列車も無料のものがあると聞いてはいたが、バンコク近郊を走る通勤列車の話だと思っていた。ところが、ナコンサワンからチェンマイまで、十時間もかかるような列車もタダになっていたのだ。

昔から、このタダという言葉には弱かった。めちゃくちゃ弱かった。そういう性格は五十代の半ばに差しかかっても消えないもので、翌日の朝五時にチェンマイに向かう列車に乗ることに決めてしまった。

翌朝、駅までイーや彼女の主人が送ってくれた。

「切符は私がもらってきますよ。なにしろタダだからね、ハッハッハ」

「タダでも切符がいるんだ」

「そうらしいんだよ」

そういってイーの主人とイーが窓口に並んでくれた。受けとった切符の運賃欄には、ご丁寧に「0」と書かれていた。こういうことはきちんとやるらしい。

僕はなに気なく彼らに切符を頼んでしまったが、実はここが有料かタダかの分かれ道だったらしい。後で知ったことだが、タダの恩恵を受けることができるのはタイ人に限られていたのだ。

当時もいまも、タイ政界は揺れている。タクシン首相が失脚し、タクシン派と反タクシン派のせめぎ合いが続いている。当時は反タクシン派が政権を握っていた。近々総選挙があるという噂もあった。バスや列車の一部無料化も、その流れのなかにあった。つまりは票集めのための政策という色あいが強かった。そこに選挙権のない外国人がふらっとやってきて、タダの恩恵を受けるのは、たしかに筋違いだった。

バンコクのウォンウェンヤイ駅からマハチャイに向かうマハチャイ線に乗ろうとしたある日本人は、窓口でこういわれたという。

「無料になるのはタイ人だけ。日本人は普通に払ってください」

彼は十バーツ、約三十円を払ったという。

しかしその話を聞いたのは、チェンマイまでの鈍行列車に乗ってから一ヵ月もすぎたときだった。まだ暗い早朝のナコンサワン駅で、チェンマイ行きに乗り込んだ僕は、なんの疚《やま》しさも感じていなかった。窓口で0バーツの切符を渡してくれた職員は、てっきりイーの主人がチェンマイへ行くものと思ったのだろうが、イーの主人も僕も、外国人には適用されないルールだとは知らなかったのだ。

しかし車掌がタイ人だった。

発車して間もなく、車掌が検札にまわってきた。僕は堂々と0バーツと書かれた切符をさしだした。車掌は顔色ひとつ変えずに、切符に検札のはさみを入れたのだった。

車掌は無料切符のルールを知らなかったのだろうか。いや知っていた可能性もある。しかし、それを説明して、運賃をもらうのは面倒くさい。黙ってはさみを入れれば、なんの波風も立たないのだ。こうして、タイでは、決められたルールの骨が抜かれていくのである。

タイだったのである。

列車は水田が広がるタイ中部の平原を、とことこと北に向かって進んでいた。夜が明け、強い陽差しが東側の窓から差し込んできた。今日も暑くなりそうだった。窓を開けた。水田を渡った風は仄かに甘かった。

ボックス席の車両だった。四人席にひとりかふたりといった割合だったが、なんとなく埋まっていた。イーの主人がいっていた言葉を思いだした。

「いつもはガラすきの列車なんだよ。なにしろ朝五時発の鈍行だしね。それに必ず遅れる。だから用事がある人は使えないんだよ」

「用事がない人が乗る？」

「そうさ」

まったく用事がないわけでもないだろう。しかし、家にいても暇だから、チェンマイの知りあいに会ってくるか……といった人はいるかもしれなかった。なにしろ時間はかかるが、列車代はかからないのだ。

列車はピッサヌロークに着いた。大きな駅だった。乗車するときにもらった時刻表をとりだしてみた。この駅には七時半に到着することになっていた。しかし時刻はすでに八時をまわっていた。発車してから三時間しか走っていないというのに、すでに三十分も遅れていた。

「用事がない人が乗る」

ぼんやりと駅を眺める乗客の顔を見ていると、なんとなくわかるような気がした。北側に薄ぼんやりと見えていた山の輪郭がしだいにはっきりとしてきた。そろそろタイ中部の平原が終わり、チェンマイへと続く山がちな地形にさしかかってきたようだった。ウッタラディット駅をすぎ、列車のスピードも遅くなる。線路の傾斜もきつくなってきているようだった。駅と駅の間隔も長くなり、木々の枝が車体に触れるまでのびるエリアに分け入っていった。

車内は物売りが賑やかだった。おばさんがパッタイというタイ式焼きそばを小分けにし、バナナの葉に包んで売りにくる。一個十バーツ、三十円。掌で受けとると、仄《ほの》かな温かさが伝わってくる。列車の時刻に合わせて家でパッタイをつくり、それを包んで車内に乗り込んできたようだった。トレーの上には、二十個ほどしか載っていなかった。家でつくることができるパッタイの量には限りがあるのだろう。僕は二両目に座っていたが、そこを通った時点で売り切れてしまった。するとおばさんは、ボックス席の通路側に座って、乗客と話しはじめる。「今日の仕事は終わり」といった空気が漂っていた。

山が深くなってきた。列車は小さな駅をひとつ、ひとつ停まっていく。果物の入った大きな籠を背負ったおばさんが現れた。なかにはタイではラムヤイといわれる龍《りゅう》眼《がん》が枝つきのままで入っていた。枝の切り口はまだ生々しい。列車の音を聞いて畑に走り、実をつけていた枝を折って車内に持ち込んだような感じだった。この果物売りは次々に現れた。売り子はおじさん、若い女性とさまざまで、彼らが背負う果物も、ライム、バナナ、ランブータン、ドリアン……と幅広い。山のなかの土地は、果物の宝庫なのかもしれなかった。

売り子は皆、農家の人たちだった。控えめな売り方と、日焼けした肌がそう教えてくれる。次々に僕の横を通り、乗客は籠のなかをのぞきながら、暇な時間をすごしていく。

ディーゼルエンジンの重油の臭いを乗せた南の風が勢いよく吹き込んでくる。髪の毛は埃がつくのか、もう重くなってきている。しかし車窓から見る青空は南国の色に染まり、車内に流れる空気からは果物の匂いがする。濃密なアジアの自然と人が、車内に混じりあっている。タイの鈍行列車は、なにか呼吸をする生き物のようだった。窓が閉められ、空調の効いた特急列車ではこうはいかない。

トンネルをいくつか越えた。周囲を山に囲まれたケンルアンという駅に停まった。乗り降りする客はひとりもいなかった。列車はこの駅を発車しようとしなかった。

待ち合わせのようだった。タイ中部の平原が終わった頃から、路線は単線になった。しばしば待ち合わせのために列車は停まった。そのとたん、海の底に沈んでしまったかのような静寂に包まれる。しばらくすると鳥の声が聞こえてくる。ついうとうととしてしまいそうな時間だった。

それにしても長すぎる。時計を見た。ケンルアンに着いてから、もう三十分近くも停まっている。ここで追い越す列車が遅れているのかもしれなかった。

駅の周りに家らしきものは見あたらなかった。深い森が駅舎を包むように広がっているだけだ。少し離れたところに人が住んでいるのかもしれないが、この駅で乗り降りする人は、一日に十人もいないような気がする。

それでも駅舎の周りやホームは掃除がいき届いていた。石で縁どられた立派な花壇があり、そこを茜色の花房が埋めていた。これだけの花壇をつくるには、かなりの労力が必要だろう。

山のなかを走るようになってから、僕は駅の風景が気になっていた。忘れられたような小さな駅でも、タイとは思えないほど整備されているのだ。花が植えられ、ホームには心地よさそうな木製のベンチが置かれている。斜面状の花壇をつくり、そこに小さな石を組んで『ＷＥＬＣＯＭＥ』という文字が描かれている駅もあった。

ＷＥＬＣＯＭＥ――。

いったいどれほどの人がこの石文字を見るのだろうか。ひょっとしたら、一日に乗降客がひとりもいないような駅である。

僕はケンルアン駅ホームに立つ中年の駅員が気になっていた。手には丸い輪の形をしたタブレットを持っていた。これは通票と呼ばれる安全確認のひとつだった。列車は駅員からこのタブレットを受けとる。その先の線路は、このタブレットを持った列車しか運行できないというものだった。こうすれば単線の衝突事故を防ぐことができる。日本でも一部の私鉄にこのタブレットが残っていた。

列車が通過するとき、駅員の仕事はポイントの切り替えとこのタブレット渡しだった。そのために腹のせりだした駅員は三十分以上もホームの端に立っているのだった。

アジアの鉄道は、年を追って影が薄くなってきていた。道路網が発達し、長距離バスに乗客を奪われるばかりだった。少々の悪路でも走ることができ、数十人で一台というバスは、列車よりはるかに効率がいいのだろう。アジアのバスは私営が多く、競争の原理が働き、各社は速さと運賃、快適さを競っていく。そして列車より速く、運賃も安いという状況ができあがってしまった。

タイもそうだった。タイの高速道路は、そのほとんどが無料である。立派なその道を、北へ東へと高速バス網が整っていった。人々にしたら、安くて速く、小さな町も結んでくれるバスに移っていくのは当然だった。

そこにLCCという、バス並み運賃で乗ることができる飛行機が登場してくる。列車の置かれている立場は、ますます危うくなってきていた。

タイに鉄道ファンがいるという話はあまり聞いたことがない。しかし一部には、鉄道を好む人もいた。彼らが選ぶ理由は安全性だった。たしかにタイの高速バスは、たまに大事故を起こす。しかし人というものは、運賃の安さと速さになびいてしまうものだ。鉄道好きは少数派だった。

タイの鉄道は、タイ国鉄の運営だった。これも競争力を弱めていた。職員は公務員なのである。そこにタイ人が生まれもつ怠惰な性格が加わってくる。彼らの仕事ぶりは、たしかに私営のバスやLCCに比べればのんびりとしていた。

僕は年に何回となくバンコクからチェンマイに向かう。しかし、列車に乗ったのは一回しかない。それも二十年も前の話だ。その後は高速バスを使うことが多かった。最近ではもっぱらＬＣＣというバス並みに安い飛行機である。

人々の足が列車からバスや飛行機に変わっていく間も、この駅員は、毎日、このホームに立っていたのだ。列車が通らない時間帯は、花に水をあげ、さして使う人もいないホームをほうきで掃いていたのだ。

それは気が遠くなるような時間にも思えるのだ。

タイの鉄道職員に、ＪＲの駅員のような律儀さは似合わない。そこには感動的なストーリーもない。あの駅員はなにも考えていなかったのかもしれない。ただ毎日の日課をこなしているだけだったかもしれない。だからこそ、よけいに、流れた年月が気になった。

アジアの鈍行列車に乗ってみようと思った。本数も減り、人々からも頼りにされないローカル列車なのかもしれないが、そこには、アジアの時間を体にまとった駅員がいる。畑で穫れた果物を売り歩く農家の人々がいる。遅れる列車のなかで、ただ、車窓を眺めているアジア人がいる。

列車は、さらにトンネルや鉄橋を越え、チェンマイの盆地にすべり込んだ。到着は午後四時三十分。二時間遅れていた。

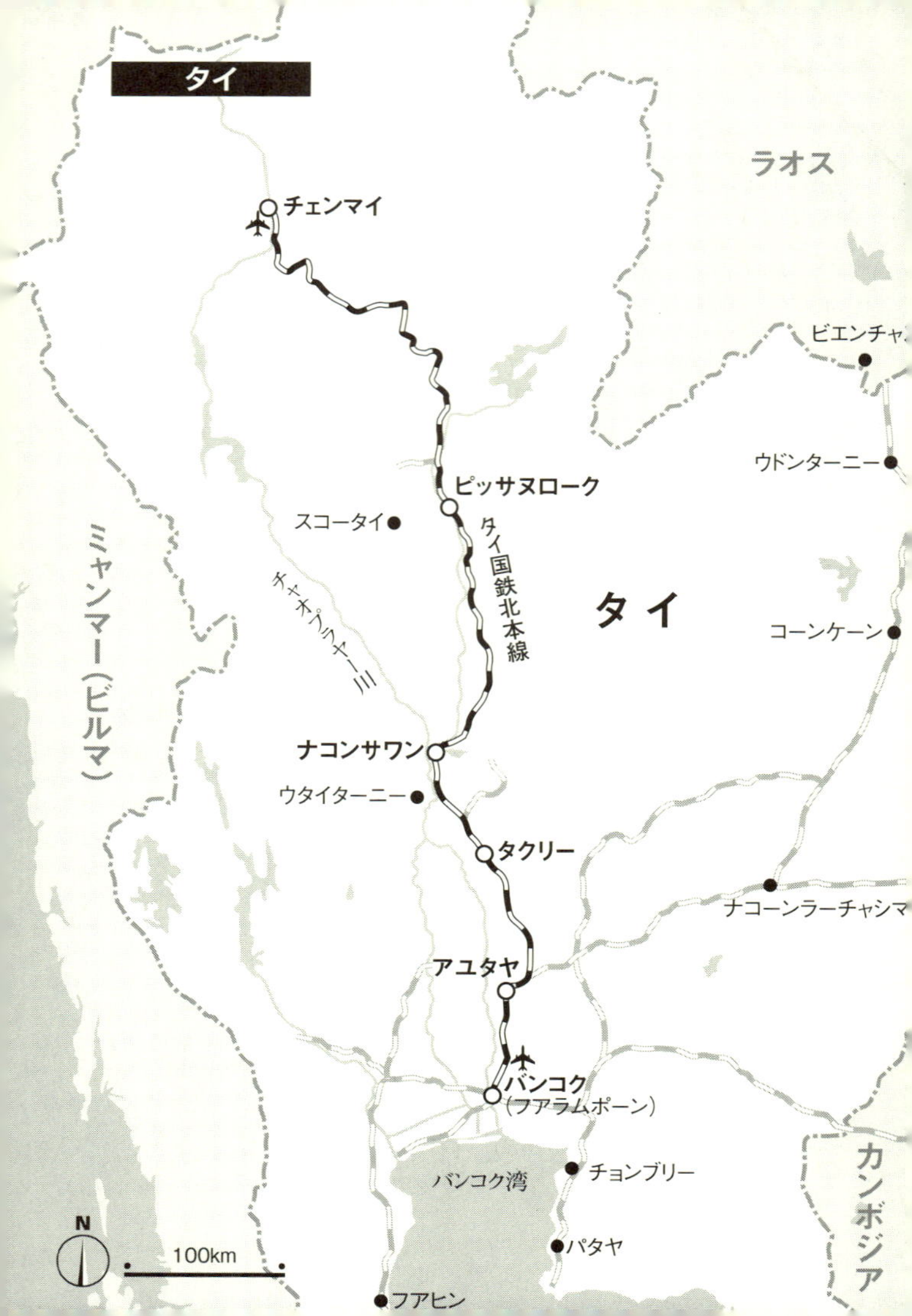
タイ
ラオス
チェンマイ
ビエンチャ
ウドンターニー
ピッサヌローク
スコータイ
タイ国鉄北本線
チャオプラヤー川
タイ
ミャンマー(ビルマ)
コーンケーン
ナコンサワン
ウタイターニー
タクリー
ナコーンラーチャシマ
アユタヤ
バンコク
(ファラムポーン)
チョンブリー
バンコク湾
カンボジア
N
100km
パタヤ
フアヒン

第一章

マレー鉄道

バンコクからシンガポールへ

隠し列車とジャングルトレイン

2010年4月～5月取材。1バーツ＝約3円、1リンギット約30円換算

マレー鉄道
バンコク
(トンブリー)
チャオプラヤー川
カンボジア
フアヒン
ミャンマー(ビルマ)
アンダマン海
プノンペン
タイ国鉄南本線
タイランド湾
ランスワン
ベトナム
スラートターニー
タイ
プーケット島
ハジャイ
南シナ海
スンガイコーロク
コタバル
パシルマス
ペナン島
グアムサン
マレー鉄道西海岸線
マレーシア
マラッカ海峡
マレー鉄道東海岸線
スマトラ島
マレー半島
クアラルンプール
グマス
ジョホール・バル
N
100km
シンガポール

そこは市場の脇にあるちょっとした空き地のような場所だった。列車が停まり、コンクリートの通路のようなホームがあるから、駅であることはわかる。しかし駅舎というものがない。切符をどこで買ったらいいのかもわからない。これが本当に始発駅なのだろうか。

タクシーでこの駅に向かった。車はチャオプラヤー川に架かる橋を渡り、朝の屋台が並ぶ一画に停まった。そこを進むと駅の入口に出た。

「違う。これはウォンウェンヤイ駅だよ。運転手に、トンブリーのトンブリー駅っていったんだけどな……」

鈍行列車旅のはじまりか……と意気込むカメラマンの中田浩資氏の表情が曇る。

バンコクには三つの始発駅がある。ひとつは、フアラムポーン駅。バンコク中央駅ともいわれる。タイには似合わないヨーロッパ風の立派な駅舎である。ここから北のチェンマイやノンカーイ、南のハジャイなどに向けて列車が発車する。特急列車や快速列車が多いが、その間に狭まれるようにして各駅停車の列車も発車する。

もうふたつの駅は、バンコクの中心街から行くと、チャオプラヤー川を渡ったトンブリー地区にある。そのひとつが、ウォンウェンヤイ駅で、マハチャイという港町に向かうローカル列車が発車する。この駅から何回か列車に乗ったことがあるからすぐにわかった。

しかし僕らが向かうのはトンブリー駅だった。この駅から列車に乗ったことはなかった。どんな駅なのか想像もつかなかった。

「タクシーの運転手が知らないぐらいだから、相当に小さい駅なのかもな」

僕らは急いで別のタクシーに乗り、トンブリー駅をめざしたのだが、たしかにこの駅は、始発駅とは思えない簡素さだった。タイの地方にある田舎駅のほうがもっと立派である。

短い石段があり、それを上るとホームだった。ベンチに腰かけ、列車を待つ人がかなりいる。おそらく僕らと同じ列車に乗るのだろう。あたりを眺めると、ホームの端に、小屋のような建物がある。近づくと切符売り場だった。

「ランスワンまで」

「ひとり九十バーツです」

出発は午前七時二十五分である。終点のランスワンに着くのは予定で夕方の十八時十五分。十一時間近い列車旅だ。しかし運賃は九十バーツしかかからなかった。日本円にすると二百七十円。あまりに安かった。

この列車をみつけるのに、ずいぶん時間がかかった。

しばらく前、僕は別の用事でバンコクにいた。仕事の合間を縫い、ファアラムポーン駅に出向いた。時刻表を手に入れるためだった。タイの国鉄は、冊子の形になった時刻表を発売していない。時刻表は駅に出向いてもらうか、インターネットで見るしかなかった。ファアラムポーン駅のインフォメーションで、南方向の列車の時刻表がほしいと伝えた。職員は英語版の時刻表をくれた。といっても紙一枚である。それですんでしまうほどの運行密度だった。そのなかから各駅停車の鈍行を探した。午前中にファアラムポーン駅を出発する各駅停車は、午前九時二十分発のファアヒン行きしかなかった。その先をつなごうとすると、特急列車や快速列車しかなかった。

「鈍行列車で南下するのは難しいんだろうか……」

一枚の時刻表を何回も眺めながら呟くしかなかった。日本に戻り、タイ国鉄のホームページも調べてみた。英語版のサイトに表示される時刻表は、ファアラムポーン駅でもらったものとまったく一緒だった。

「やはりないらしい……」

ところがある日、タイに住む日本人の知人からこんな話を聞いた。

「タイ国鉄には、英語サイトには載っていない列車もあるんです。そんな列車は、タイ語のサイトを開かないとわからないんです」

タイ語――。

僕はかつて、バンコクでタイ語を学んでいた。学校には二回通っているが、その期間はいずれも九ヵ月ほどである。僕の通っていたタイ語学校は、最初の二ヵ月が会話中心で、三ヵ月後からタイ文字が入ってくる。このタイ文字が曲者だった。タイ文字には声調記号などはあるものの、基本的には英語と同じ表音文字である。子音と母音を組み合わせていけばいい。しかし習いはじめてすぐ、例外だらけの文字であることがわかってくる。文字は書くが実際には読まないことや、文字には書いてないが発音するときはその音を出す……といったことが頻繁に起こるのだ。困ったことに、タイ語の子音には、同じ音だが文字が違うことがよくある。ひとつの単語を読み書きするということは、それを覚え込まなければいけないのだ。つまりは漢字を覚えるような繁雑さを備えていた。

例外が多いのは、仏教用語や地名だった。外国人にとって、この地名が問題だった。たとえば、バンコクの空港はスワンナプーム空港と呼ばれる。しかし、文字に書くときは、スワンナプーミと書かなくてはならない。地名にはそんな例外が多かった。

一応、タイ文字は学んではいるのだが、タイ国鉄の時刻表……といったとき、いつも英語サイトを開いていたのはそのためだった。時刻表といえば、駅名の羅列である。それを読んでいく自信がなかったのだ。

しかし、英語版の時刻表には載っていない列車が、タイ語版にある——といわれれば見ないわけにはいかない。タイ国鉄のタイ語版サイトを開き、南方面に向かう列車を探しはじめたのだった。

あったのである。

それは二五五番という列車だった。タイ語でタマダー、つまり普通列車と書いてある。バンコクのトンブリー駅を出発し、南のランスワンまで走る鈍行列車が、一日に一便だけあったのである。サイトのタイ語が読めない外国人にとっては、まさに隠し列車だった。

しかもタイ語の時刻表には、その奥があった。話は少し先に進んでしまうが、ランスワンの駅に着いた僕は、駅の切符売り場に向かった。その先の列車のことを知りたかったのだ。サイトのタイ語の時刻表にも、ランスワンからその先のスラートターニーまでの間は各駅停車の列車がなかった。その間は急行や快速でつなぐしかないかと思っていた。

ところが窓口にいた職員は、こともなげにこういったのである。

「明日の朝なら、ありますよ」

「はッ？」

職員は一枚の時刻表をくれた。ランスワンのような地方駅になると、英語版の時刻表などないようで、赤いインクで印刷されたタイ語の時刻表だった。そこには、朝七時五十分発ハジャイ行きという鈍行列車がはっきりと載っていたのだった。タイ国鉄のタイ語サイトにもない各駅停車がちゃんとあったのである。

「行けばある……」

そんな感覚だった。

トンブリー駅を発車する鈍行列車を、英語版の時刻表では省略してしまう理由はわからないでもない。そんな列車に、外国人が乗るとは、タイ国鉄も考えなかったのだろう。しかし、公式サイトのタイ語の時刻表に、ランスワンから先の列車を省いてしまうことには首をひねってしまった。タイ語のサイトは、全国の列車が載っていた。常識的に考えれば、そこには、運行する列車のすべてを載せるのが筋ではないか。日本人の僕はそう考えてしまうのである。

タイ人とのつきあいは長いから、彼らの性格はある程度はわかっているつもりだ。杜撰《ずさん》さにおいては、相当のレベルを保つ民族である。しかし曲がりなりにも、タイ国

トンブリー駅には駅舎がない。代わりに目の前に市場。関係ないか

トンブリー駅のホーム端の切符売り場。資材置き場かと思った

民が見る国鉄の公式サイトなのである。そこから、実際に運行している列車を省略していいのだろうか。朝の時間帯に走る各駅停車だから、通勤や通学用の列車だろう。こういう列車は、地元の人なら皆、知っているから、載せなくてもいいと考えた気がする。

これは合理主義なのか、手抜きなのか……。やはりタイ人という民族はわからない。いくら考えても、しかたのないことなのかもしれないのだが。

トンブリー発ランスワン行きの列車は、定刻に発車した。車内の席は、そこそこ埋まっていた。発車してわかったのだが、トンブリー駅は、チャオプラヤー川のすぐ脇にあった。列車は、川に沿った下町風の街並みのなかをゆっくり進み、やがて、フアラムポーン駅を出発した南行き列車が走る本線に合流した。そこから、南へ、南へと進んでいくことになる。

列車には冷房がなかった。窓はすべて開けられ、南国の朝の心地いい風が吹き込んでくる。しかし、涼しく感じたのは、発車して一時間ほどだった。四月のタイは、一年でいちばん暑い。気温はぐんぐんあがっていく。吹き込む風は、しだいに熱を孕《はら》み、熱風へと変わっていく。

ランスワン行き鈍行列車をぼんやりと待つ。本当にただぼんやりと

緊張感のないホームを列車はゆっくりと離れていった。旅がはじまる

列車はサラヤ、ナコンチャイシ……と小さな駅にひとつ、ひとつ停まっていく。各駅停車なのだから当然なのだが、駅と駅の間隔は五分から十分といったところなのだ。こんな進み方で、いったいいつ終点に着くのかと思うと、少し気が遠くなってくる。しかしこれがアジアの鈍行列車というものだろう。

停車する駅は小さいが、そこにはちゃんと旗を持った駅員が立っていた。ホームには古タイヤや流木を再利用してつくられた花壇がある駅が多い。鮮やかな茜《あかね》色の花が南国の陽射しに輝いている。タイの鉄道はバス便に押されぎみである。各駅停車は安いが、急行や寝台となると、料金が加算されてバスより高くなってしまう。そのうえ遅いのだから、人々はどうしてもバス便に走ってしまうのだ。しかし駅員は、そんな現状には我関せずといった感じで、駅舎を掃除し、ホームの花壇に水をやるのだ。タイの場合、鉄道職員は公務員である。その誇りもあるのだろうか。きちんと勤めあげれば、額こそ多くはないが年金ももらえる。

発車の合図は鐘である。ホームには、寺院の屋根を飾るような輝く鐘が吊るしてある。大きさは三十センチほどだろうか。発車時刻になると、駅員はそれを「カーン」、「カーン」と鳴らす。のどかなその音を合図に、ディーゼル気動車に引っぱられた列車がゆっくりと動きだす。暑さでぼんやりとした頭に、その音は、まるで子守歌のよ

タイの列車は眠くなる。で……。「困ったもんです」(中田談)

駅の列車の発車合図はこの鐘。タイの鈍行列車風情ですなぁ

うに響くのだ。

いつの間にか寝入ってしまった。朝も早かったのだが、なんだか間のびしたような列車の空間が眠気《ねむけ》を誘うのだ。目覚めるとペチャブリの駅だった。この沿線では比較的大きい駅で、ホームから聞こえる人の声で起きたのかもしれない。しかし、周りにいるタイ人たちの耳には、そんな雑踏の音も届かない様子で、安心しきったような惚けた顔で眠り続けている。時計を見ると、予定の時刻より十分近く遅れていた。

車内の気温はぐんぐんあがっていく。昼をすぎると、陽射しが車内まで差し込むようになってきた。日除けをさげているのだが、熱がしだいに車内に伝わってくる。そのすき間から吹き込む熱を孕んだ風は、なにか気力のようなものを霧散させていくような気がする。四人がけのボックス席に座っているだけなのだが、体がなんとなく重い。

出発はまだ涼しい朝の七時台だった。各駅停車は、通勤や通学客向けのスケジュールが組まれるからだ。僕らは寝不足状態で乗ったのだが、朝の空気は心地よく、吹き込む風にも精気がある。濃い緑に包まれた農村も朝日に輝いている。しかし気温があがると、空気は緩み、一気に睡魔に襲われ、ボックス席でことっと寝入ってしまうのだ。その午前の眠りから目が覚めてしまった後がいちばんつらい。車内の気温は四十

デッキのドアはいつも開いている。すねた若者の指定席

度を超えているだろうか。眺める風景もどこか白茶けている。森の木々も強い陽射しのなかで、立ちすくんでいる。午前中にたっぷり眠ってしまったから、体は重いというのに眠ることもできない。ただ耐えるしかないのだ。

だがその風が、急に軽くなる時間帯がある。午後の四時頃である。

「おやっ」

とあたりを見まわすような気分といったらいいだろうか。こうして一日の暑さが峠を越えたことを知るのだ。

車内のタイ人たちの浅黒い顔にも精気が戻ってくる。思い返してみれば、彼らは、あの暑い午後の時間帯も眠り惚けていた。車内でひたすら眠り続けるのも才能なのかもしれないが、彼らの体は、気温がある一定の温度を超えると、眠気が襲うという変温動物のようなスイッチが組み込まれているような気にもなるのだ。それはどこか農村に流れる時間のサイクルのようにも映る。鈍行列車の車内を支配しているのは、そんなアジアの時間感覚らしい。僕らもそれを身につけなくてはいけない……。

日はすでに西に傾いていた。一応、バンコクからの列車の終着なのだから、ランスワンの街はそれなりの規模があるものと思っていた。しかし駅前にはホテルすらなく、トゥクトゥクと呼ばれる三輪タクシーすら見あたらなかった。僕らはその日の夜

連結部の扉も開け放たれている。延々と続く単線を眺めていた

熱風を受けながら、南へ、南へと進んでいく

の列車で、さらに南のスラートターニーまで行くつもりでいた。スラートターニーに一泊し、翌朝、マレーシア国境までの各駅停車に乗るつもりだった。

ランスワンからスラートターニーまでは、タイ語の時刻表を見ても、各駅停車は運行されていなかった。急行や快速だけが走る、いってみれば各駅停車の谷間だったのだ。僕らは急行列車の切符を買うつもりで、切符売り場の前に立った。しかしそこで、前述したように、タイ語の時刻表サイトには載っていない隠し列車のような鈍行があることを知らされたのである。

そう教えられた僕はカメラマンの中田氏を見た。

「この街に泊まれる……」

互いに疲れていた。中田氏は東京から飛行機でバンコクに入り、その翌朝、ランスワン行きの各駅停車に乗っているのだ。僕は彼より少し前にバンコクに来ていた。しかし僕らが列車に乗った二〇一〇年四月のバンコクは、赤シャツ派というタクシン元首相を支持するグループが中心部を占拠していた。バンコクが緊張していたのだ。僕は日本の出版社からの依頼を受け、その取材に駆けまわっていた。

できればランスワンに一泊したかった。僕らはランスワン駅で知った隠し列車に目を輝せた。これですべて鈍行列車に乗ってマレーシア国境まで行けるのだ。そして同

ランスワン駅からバイクタクシーで市街へ。20バーツ。高くない？

ランスワンのナイトマーケット。観光客ゼロ。安いぞ

時に、この街に泊まることができることがありがたかった。今日はホテルでゆっくり休むことができるのだ。隠し列車は、僕らには贈り物でもあった。

改めて駅の周りを見渡した。ホテルらしい建物はひとつもなく、木造りの民家が連なっているだけなのだ。しかしそれほど不安はなかった。タイという国はなんとかなることを、僕はこれまでの旅で知っていた。駅の周りで暇そうにしている男たちに聞けば必ず宿を教えてくれるのだ。ときにその宿の部屋では蚊が唸《うな》りをあげたり、ゴキブリの巣窟だったりしても宿は宿なのである。若い女性が呼びもしないのに訪ねてきても、泊まることはできるのだ。

反対側のホームにバイクにまたがった男がふたりいた。線路を越えて、人のよさそうなおじさんに声をかけると、果たしてバイクタクシーだった。バイクタクシーという乗り物は、運賃を交渉して、後部座席に乗せてもらう最もシンプルな乗り物だった。アジアでは、かなりの田舎に行ってもこのバイクタクシーがあった。でこぼこ道を走るときは、やや安定感に欠けるものの、慣れれば便利な乗り物だった。僕らは二台のバイクに分乗した。おじさんの説明では、ランスワンの街の中心は、そこから一キロほど先のようだった。

賑やかなナイトマーケットの向かいにある連れ込み宿のような平屋のホテルだっ

市場脇の食堂でひとり100バーツの夕食。あまりおいしくなかった

ランスワンではここに泊まった。ツインで450バーツだった

た。シャワーを浴びた。体から汗とディーゼルオイルの臭いがたちのぼった。鉄の臭いのする髪は、二回目のシャンプーで、ようやく泡がたった。

翌日も一日各駅停車に揺られた。ランスワンを朝七時四十九分に発車する列車だった。終点のハジャイに着くのは夕方の十六時三十五分の予定である。実際は二十分ほど遅れて到着したから、九時間ほど南国列車に揺られたことになる。

朝靄《もや》のなか、小鳥の声に見送られるようにランスワン駅を発車した列車は、とことこと南へ進んでいく。南国の朝は気持ちがいい。四両という短い編成だった。隣のボックス席に座っているのは、白衣を着た看護婦さんだった。この先の街の病院にでも勤めているのだろう。タイでは工員が工場から支給された制服姿で出勤することは珍しくないが、田舎に来ると、看護婦さんも白衣で勤め先に向かってしまうらしい。

線路は山がちな土地に敷かれていて、トンネルをいくつも通る。日が高くなり、また車内の気温もあがりはじめていた。

僕らは朝食をとっていなかった。それをさほど気にもとめずに乗り込んだのは、タイの鈍行列車は、次々に物売りがやってくることを知っていたからだ。彼らが売るものは、食べ物や飲み物といった車内食がほとんどだった。日本なら車内販売のワゴンがやってくるところだが、タイの場合は民間、いや個人販売が際だっていた。

朝のランスワン駅で隠し列車を待つ。鈍行列車の1日がはじまる

これが隠し列車の切符です。切符は恥ずかしいぐらい立派です

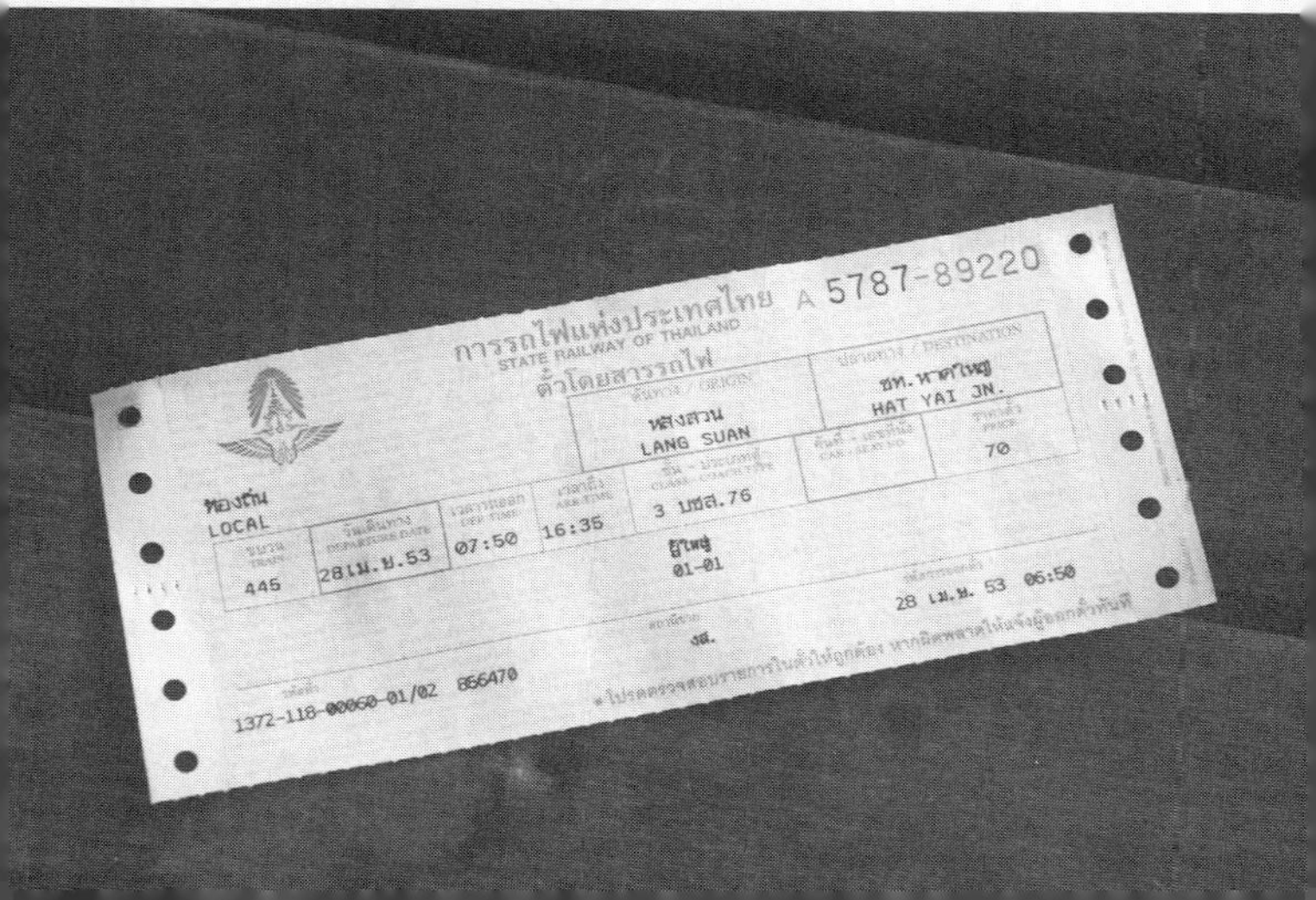

以前からタイの列車の車内販売が多いことは知っていたが、改めてその自由さと密度に目を瞠《みは》ったのは、プロローグで紹介したチェンマイ行きの鈍行列車だった。物売りたちは、おそらく自宅の台所でパッタイという焼きそばをつくり、それを二十個ほどに分け、トレーに乗せて列車に乗り込んできた。朝、畑で穫れたラムヤイという龍眼の一種を売り歩くおばちゃんもいた。簡単なこづかい稼ぎの感覚なのだ。こういうことをタイの国鉄は、よく許すな、と思ったものだが、そこは南の国のおおらかさなのか、なにひとつ波風がたたず、僕はできたてのパッタイを食べたのである。

前日、トンブリー駅から乗った列車は、この個人車内販売が組織化され、より充実していた。

五バーツそばには感心してしまった。ビニールで具入りの汁なしそばを包み、それを新聞紙で包んで、割り箸を添えて売り歩くのだ。そばはしっかり香辛料が効いたなかなかの味だった。街の食堂で食べると二十バーツはする。それが五バーツというのだから、乗客はつい買ってしまう。ただし量は少ない。三、四口で食べ切ってしまうのだが、暑い車内で何時間もの時間をすごしている乗客は、退屈しのぎもあって買ってしまうのである。

おそらくはじめは、通常の一食分の汁なしそばを、ビニールや紙にくるんで売り出

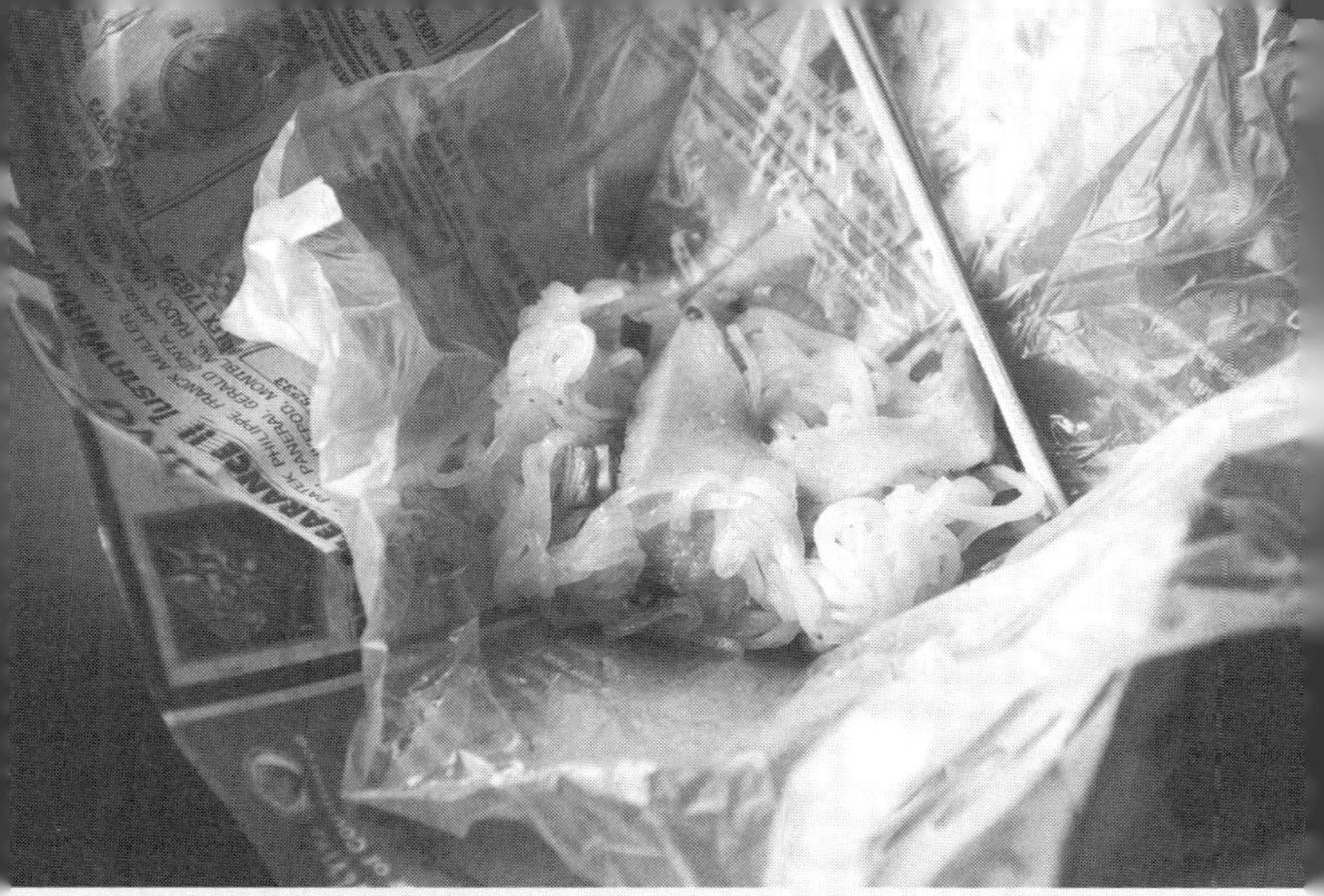

これが車内で売られる5バーツそば。鈍行列車でブレーク中

バナナの葉を使った小ぶり丼。タイの列車食のなかの逸品です

したような気がする。食堂のそばを車内に持ち込んだのだから画期的なことだった。しかし売り上げは思ったほどではない。量が多いのではないか……。手間はかかるが小分けにしたらいけるかもしれない。そういった試行錯誤を経た車内食の完成度すら感じるのだった。

ご飯物も車内食への進化を遂げていた。バナナの葉で小さな舟型の器をつくり、そこにご飯を入れ、その上からゲーンキヨワーンというタイ風グリーンカレーやレッドカレーをかける。魚カレーもあれば、野菜炒めを載せたご飯もある。これで十バーツなのだ。タイの食堂には、何種類かのおかずをつくり、トレーに入れて店頭に並べるスタイルの店がある。客は二、三種を指差して、皿に盛ったご飯の上にかけてもらう。庶民的な食事スタイルで、日本人の間では〝ぶっかけ飯〟などともいわれている。その料理が、バナナの葉の器に入れられ、まるでひと口丼のようになってトレーに並べられ、売り子はそれを手に車内の通路を売り歩く。

「ほ──ッ」

それを見たときはさすがに唸ってしまった。

昔からある車内食も売りにくる。ビニール袋にもち米とやや甘い味つけで焼いた肉が入ったものだ。発泡スチロールの器にご飯を入れ、野菜炒めや目玉焼きを載せた駅弁スタイルの弁当もトレーに乗せて売り子が運んでくる。二十バーツから二十五バーツという値段なのだが、それを見ても食指が動かないのだ。

「工夫が足りないな」

などと呟いてしまうのである。暇な車内では、違った味をちょこちょこと食べたほうが楽しいのだ。

車内は暑いから冷たい飲み物もよく売れる。そのシステムにも舌を巻いた。彼らは氷の入った大きなクーラーボックスとコーヒー、ミルクティー、オレンジジュースなどの濃い原液を詰めた筒状の容器、そしてビニール袋を車内に持ち込む。袋にたっぷりの氷と原液を入れ、車内を売り歩くのだが、二時間もするとクーラーボックスの氷が減ってきてしまう。すると彼らは、やおら携帯電話をとりだし、どこかに電話をかける。

それから四、五駅——。時間にして三十分ほどがたち、列車がホームに停車すると、バイクタクシーの運転手が、クラッシュアイスの入った大きな袋を二、三個、足許に置いて待っている。そして短い停車時間で積み込むのだ。おそらく車内の飲み物販売屋は、沿線各駅のバイクタクシーの運転手に話をつけているのに違いなかった。氷の減り具合と時間を計算し、ちょうど氷がなくなりそうな駅にいるバイク運転手の携帯電話を鳴らすのである。こうして、いつも冷たい飲み物を売り歩くのだ。

極めつきは、菓子類やスルメなどの干物、アクセサリーを売るおばさんたちだった。彼女たちは長さ一メートルほどの棒を手に車内に現れる。棒にはいくつものフックがついていて、そこには菓子やピーナツ、干物がいくつもぶらさがっているのだ。遠くから眺めると、杖を手にした行者のようにさえ映る。この棒の先端にもフックがついていて、乗客がどれにしようか……と吊りさげられた干物を選ぼうとすると、ひょいとその先端を荷物棚にひっかけてしまうのである。そして席が空いていると、おばちゃんはどかっと座り、

「このクッキーはおいしいよ」

「このスルメはフアヒンの港でつくられたから味がいい」

などと押し売りモードに入っていくわけだ。

僕はボックス席の窓側に座っていたが、鼻の先を棒に吊るされた干物が列車の振動に合わせて揺れ、スルメのいい匂いが漂い、つい買おうか……などと思ってしまう。そこまで計算されているかどうかは別にして、車内販売の手法としてはなかなか斬新だった。

さらに目を瞠ったのは、そのおばさんのひとりが、列車を降りたときだった。かご

フック付き棒が吊りさげられる。いま干物の誘惑と戦ってます

強い陽射しを受けてハジャイへ向かう。鈍行には子連れ客も多い

に売れ残った干物などをしまうと、フックをはずし、棒の先端から抜きはじめた。棒は四段はめ込み式になっていたのだ。小さくなった部品を再びかごにしまい、おばさんはなにごともなかったかのようにホームを後にしたのである。

いったい誰がこの車内販売用棒をつくったのかは知らないが、僕はその光景を呆然と見つめるしかなかった。タイ人というのは、大きな発明は苦手だが、こういう細工に長けた人々なのである。

車内の個人販売業者は沿線に住む人々だった。家でぶらぶらしているぐらいなら、列車のなかで物でも売るか……といった乗りで乗車してくるのである。もちろんタイ国鉄に許可などとっていない。その代わり、列車の車掌との間に、いかにもタイらしい契約が成立していた。販売業者は、車内で物を売らせてもらう代わりに、本来は車掌の業務である車内清掃を担当するのだ。トイレ掃除も彼らの役割である。車掌は役職を利用して車内販売員を乗せ、その見返りをしっかり手にしていたのだった。

「タイだよなぁ」

南の風に吹かれながら、つい呟いてしまうのである。

僕はタイとのつきあいが長いが、彼らは頭がいいのか、悪いのか、本当にわからなくなる。ひとつの列車に、常に二十人を超える物売りが乗り込んでいるが、彼らの売り物はそれぞれ違う。競争にならないように、しっかり市場原理が働いているのだ。ひと列車にひとりの元締めがいるのかもしれない。彼が車掌と交渉し、物を売りたい人は彼におうかがいをたてるのかもしれない。そこで元締めはマージンも手にする。タイ国鉄という国の乗り物を利用して、ひと儲《もう》けしているというわけだ。こういうことだけは、人一倍、頭が働く民族なのである。

ランスワンを出発した列車には、すでに物売りが乗り込んでいた。途中のスラートターニーからは、さらに数人のおばちゃんやおじちゃんが乗り込んできた。前日の列車とは違う食べ物もあった。タイには日本のそうめんに似た麺に野菜を載せ、スープをかけるカノムチムという料理がある。ひとりのおばさんは、それを車内販売用にプラスチックの器に入れ、ひとつ十バーツで売っていた。鶏のから揚げもサイズが大きい物を売りにきた。飲み物や行者杖スタイルの干物売りおばさんも健在である。その数は二十人を超えた。しかしこの列車は四両しかない。彼らはそれぞれの売り物を手に通路を歩くが、二十分もたつと同じおばちゃんと顔を合わせるようになる。売っているものも同じだ。いくらカノムチムがおいしくても、二杯も食べる気になれない。ランスワンを出発して五時間、さすがに飽きてきた。車内の暑さも手伝って、これはもう、寝て時間をうっちゃるしかないかと思いはじめていた。

十三時五十分。列車はバンコンハットという駅に停車した。乗り降りする人も少ない小さな駅だ。通常、一分もすると、駅員が叩く鐘の音が響くのだが、その様子もない。

「待ち合わせだろうか」

僕は前日の夕方、ランスワン駅でもらった時刻表に視線を落とした。朝の六時三十分に、マレーシア国境に近いスンガイコーロクを発車し、スラートターニーに向かう各駅停車とすれ違う時間帯だった。この区間は単線だから、待ち合わせをするらしい。僕はなにげなく、駅区間だけ複線になった線路を眺めていた。

すると、僕らの車両に乗っていた物売りたちが次々と、隣の線路の側に降りはじめたのである。氷が入っている大型クーラーボックスは、すでに線路の間に置かれていた。カノムチムを売っていたおばさんの顔も見える。

「……？」

しばらくすると、隣の線路にスラートターニー行きの各駅停車が入線した。すると思いもつかないことが起きた。その列車の物売りたちの荷物も、次々に線路の間に降ろされたのである。

「……？」

スコールがあがった。水田や森の緑がその濃さを増していく

待ち合わせを利用して物売りの大移動が起きた。呆然、ア然……

気がつくと、カノムチム売りのおばさんは、反対側の列車に乗り込み、すでに笑顔をつくって売りはじめている。大型クーラーボックスは三人がかりで、隣の列車に積み込まれた。すると今度は、反対側の列車に乗っていた物売りが、僕らの車両の通路に現れたのである。

「……？」

彼らは毎日、ここで列車を乗り換えていたのである。僕はその連携を、口をあんぐり開けて見るしかなかった。彼らはこの線路の沿線に住む人々である。こうすれば、朝、列車に乗り込んでも、夕方には自分の住む街に戻ることができた。僕は西村京太郎の鉄道ミステリーを読んでいるような気分になった。列車のダイヤを利用して、彼らは金を稼いでいたのだ。

売りにくる食べ物も変わった。串に刺した鶏肉を焼き、ココナツベースのたれをかけたサテも登場した。フライドチキンにもち米というセットもお目見えした。売り物が変わると、ついこちらも食指が動いてしまう。僕もサテを買ってしまった。

「なかなかうまい商売だよな」

サテを頬ばりながら呟いてしまうのである。

ランスワンからハジャイまでの運賃は七十バーツ、日本円で二百十円ほどだった。

乗客の財布を考えてタイの格安ビールも積み込んでいた

鶏肉が多くなるのは、しだいに増えるイスラム教徒を考えてのこと

しかし車内で買った食べ物や飲み物は百バーツを超えていた。僕は物売り業者の術中にしっかりとはまっていたようだった。

ハジャイに一泊し、翌朝、マレーシアとの国境の町、スンガイコーロク行きの各駅停車に乗った。イスラムの密度が濃くなっていくのが肌に伝わってきた。それは前日の列車からはじまっていた。バンコンハット駅から乗り込んできた車内売りのなかに、スカーフをかぶった女性がふたりもいた。彼女らのベースは終点のハジャイ駅のようで、ホームに降りると、そこで仲間の女性たちが店を広げていた。

タイ南部、マレーシアに近い一帯では、イスラムの過激派による爆弾テロがときどき起きていた。標的になっていたのは、タイ政府の役所や学校だった。紛争の歴史を遡れば、このエリアにあったイスラム系王国の独立に根ざした話だった。しかし旧タクシン政権がとった強硬姿勢が、火に油を注ぐような結果を招いてしまっていた。ハジャイを出発し、南下する列車は、このエリアに分け入っていくルートをとる。列車には警備のために、数人の兵士も乗り込んできた。

しかし、車内は気が抜けるほどなごやかな空気が流れていた。幹線からはずれた支線のためか、あれほど賑やかだった車内の物売りの数が少なかった。車両も古く、ボ

ベンガルの血が入ったような顔立ちにちょっと緊張してしまった

2日がかりでハジャイに着いた。飛行機なら1時間なんだけど

ックス席はすべて木製だった。椅子の幅も狭い。鈍行列車は、四人がけのボックス席が雰囲気なのだが、バンコクからハジャイまでの車両は椅子や背にクッションがあった。それすらもなくなってしまった。鈍行列車の旅は、ますますローカルな世界に入り込んだようだった。

窓はすべて開け放たれていた。そこから南国の朝の気持ちのいい風が吹き込んでくる。僕はなにげなしに通路側の席に尻をずらした。そこから眺めると、左右の窓から南国の青空が見渡せた。

列車ハイという心理状態があるのかもしれないと思った。ランニングハイの列車版である。二日前の朝から、昼はずっと列車に揺られている。停車した駅はハジャイ駅に着いた時点で百を超えた。これだけ列車に乗っていると、なんだか気が遠くなるのを通りすぎて、うっとりとしてくるのだ。両側の窓を通して目視に入る世界は、青空の大パノラマのようにも映るのである。実際の空は、窓枠で四角く区切られているというのに、まるで草原に仰向けに寝転がって空を見あげている気分なのだ。このまま列車は、天空に向けて駆けのぼっていくような気分になる。

実際に乗っているのは、タイ南部の決して豊かではない男や女たちである。列車の本数も少ないため、ほとんどの席が埋まっている。そんな人々の顔やざわめきが溶け

木製のボックス席と車両は一段と古くなった。辺境感が募るタイの深南部。イスラム教徒が抱える問題は根深い

込み、僕はただうっとりとしてしまっていた。

スンガイコーロクには三十分ほど遅れて到着した。列車のなかで、僕はしだいに焦りはじめていた。タイとマレーシアの国境を越え、そこからいちばん近いパシルマスの駅から、マレーシアのローカル列車に乗ることにしていた。事前にインターネットで調べた時刻表では、早朝に二本と十四時二十九分の三本の列車があるはずだった。その午後の列車に間に合うかもしれない。

——予定ではスンガイコーロクに十二時八分に着く。パシルマス発車まで二時間以上ある。急げばなんとかなる。

時刻表を眺めながら、そう算段していた。しかし予定通りに進んでいた列車は、スンガイコーロク手前で、急行待ち合わせで三十分も停まってしまったのだ。

残り一時間半……。スンガイコーロクを降りた僕らは国境に急いだ。歩いて五分ほどと聞いていたが、一日でいちばん暑い昼すぎ、炎天下を荷物を持っての移動はつらい。汗がぽたぽたとたれ、シャツはぐっしょりと濡れる。しかし急がなくては、列車が発車してしまう。国境らしい建物が見えてきた。時計を見た。午後一時……。

そのとき、唐突に、ひとつの言葉が脳裡に浮かんだ。

——時差。

僕らは忘れていた。タイとマレーシアの間には一時間の時差がある。地理的に見ると不思議なことなのだが、マレーシアはタイより一時間早いのである。バンコクから飛行機に乗ってクアラルンプールの空港に着いたときにいつもそう思う。首を傾げながら、時計の針を進めるのである。

進める？

いまマレーシアは午後二時……。

僕はザックを背負い、首にタオルを巻いて前を早足で歩く中田氏に声をかけた。

「ごめん」

彼がふり返った。

「時差があることを忘れてた……」

中田氏の目尻がぴくりと動いた。その場にへたり込んでしまいそうだった。

いま二時なのである。列車が出発するまで二十分余りしかない。これからタイを出国し、マレーシアに入国する。カードも書かないといけないかもしれない。その先でタクシーをつかまえたとしても……。

無理だった。

どう考えても間に合わない。

時差というものはやっかいなものだ。飛行機に乗って違う国に入ったときは、当然のように時刻を直すが、地続きの国境を越えるときは、つい忘れてしまう。

暑かった。

太陽は容赦《ようしゃ》なく照りつける。

僕らは国境のゲートの前で、ぼんやりと立ちつくすしかなかった。

その日の災難はまだ続いた。

僕らは国境をとぼとぼ歩きながら越えた。今日の列車は諦めた。中田氏は旅の仕事が多いカメラマンだから、立ち直りは早い。僕らはマレーシアに入国し、小さなバスターミナルの脇にある食堂で昼食をとった。ご飯の上にココナツミルクの味が効いた肉や野菜を載せてもらった。水を何杯も飲んだ。そこからタクシーでいちばん近い鉄道駅であるパシルマスに出た。路線バスに乗るのが筋なのかもしれないが、なんだかその気力がなかったのだ。

パシルマスの駅で翌日の列車の時刻を確認した。そして再び荷物を背負い、ホテルを探しはじめた。しかし、駅の周りをいくら歩いても『ＨＯＴＥＬ』の文字がみつからないのだ。さらに探し歩いたが、やはりない。困って、店先でお茶を飲んでいたおじさん三人組に声をかけた。すると、あたり前のように、こんな言葉が返ってきたの

タイの鈍行列車旅の終着駅、スンガイコーローク。暑い午後だった

タイとマレーシアの国境。この国境は夜になると閉まってしまう

だ。

「この街にはホテルはないよ」

「はッ？」

そんな街があるのだろうか。僕はこれまで、アジアの多くの街を訪ねてきた。なかには、このパシルマスより規模の小さい町もあった。人家が数えるほどといったレベルは別かもしれないが、鉄道の駅があるような街で、ホテルがないことはなかった。しかしこの街にはないのだという。マレーシアとはそういう国なのだろうか。

「どうしようか……」

悩む僕らに、もうひとりのおじさんが口を開いた。

「あの角に食堂があるだろ。あそこに聞いてみな？　ひょっとしたら泊めてくれるかもしれない」

食堂は駅の正面にあった。店の主人らしい男性に訊くと、キャッシャーにどんと座るおばあさんにお伺いをたてていた。たぶん母親だろう。おばあさんが僕らの風体をチェックし、許可が出ないと泊めないらしい。三階に案内された。隣の部屋は従業員が使っているようだった。自分の家の空き部屋に泊めてくれるだけだったのだ。ホームステイの感覚である。

この街にはビールもなかった。マレーシアは、イスラム教徒が多いからアルコール類が飲みにくい。しかし首都のクアラルンプールなどの食堂では、平気でビールを頼むことができる緩さもあった。

イスラム教の国は、一般にアルコール類を禁止していることが多い。しかしこれも国によってかなり違う。ウズベキスタンやカザフスタンでは、ラマダンという断食月の最中でも、昼間から平気でビールを飲んでいる人もいる。ラマダンというのは、日が昇ってから落ちるまで、食事はもちろん、水一滴飲んではいけない期間である。敬虔なイスラム教徒は、しっかり守るのだが、同じイスラム教国でも、水どころかでビールを飲むことができる国もあるのだ。しかしパキスタンやバングラデシュ、中東諸国の多くは、ラマダン期間以外でも、常にアルコール類は禁止されている。異教徒である僕ら外国人ですら飲むことができず、持ち込むことすらできない。

マレーシアはその中間のような国だった。ひとつの国のなかで、ビールへの対応が違っていた。

マレーシアを南下する鉄道はふたつのルートがあった。ハジャイからバタンベサール、バターワースと南下し、首都のクアラルンプールを通る西海岸ルートと、スンガイコーロクからグアムサン、グマスと南下していく東海岸ルートだった。一般にマレー鉄道というと、西海岸ルートを指した。バンコクからクアラルンプール、そして終点のシンガポールをつなぐルートだった。オリエントエクスプレスという豪華列車を除けば、一本の列車で結ぶことはできなかったが、いってみれば、このルートがマレー半島を南下する表の顔だった。速い特急や急行列車が何本も走っていた。

はじめ、僕らもこのルートをとろうとした。そこでマレーシアの鉄道の時刻表をインターネットで調べたのだが、各駅に停まっていくような鈍行列車は一本もなかった。しかしタイの鉄道の例がある。現地語のサイトに入れば、鈍行列車があるのでは、と再び時刻表に視線を落とした。しかし見ていた時刻表がすでにマレー語だった。その後もいろいろ調べてみたが、西海岸ルートでは、各駅停車はすでに廃止されているようだった。

東海岸ルートに限られてしまった。この路線を走る列車は、完全な各駅停車とはいえなかったが、停車駅の多いローカル列車だった。それが表と裏ということかもしれない。西海岸ルートに比べれば、小さな街をつないでいく東海岸ルートは、走る列車の本数も少ない地元の人向けのローカル線だった。

マレー半島の歴史の表舞台も、やはり西海岸だった。高層ビルが建つ街も多い。鉄道に沿って工場も続く。暮らす民族も、中国系やインド系住民の割合が増える。それ

時差を忘れていた……。落ち込んだときは飯を食べることだ（国境のマレーシア側で）

パシルマス駅前の食堂。ここに泊めてもらった。顚末は本文で

に比べれば、東海岸ルートはマレー人の世界でもあった。

街の食堂にビールがない……。つまりはそういうことだった。朝から列車に乗り、炎天下を歩いて国境を越えた。時差があることを忘れて、列車には乗り遅れてしまったが、なんとかパシルマスまでやってきた。ここはビールをきゅーと飲んで、自分たちを慰めたかった。喉も乾いている。

だが、僕らが泊まる家の食堂にはビールがなかった。近くの食堂に聞いても、つれない返事ばかりが返ってくる。

「あの角を曲がった中華料理屋に置いてあったような……」

頼りない店の人の言葉を頼りに、パシルマスの街を歩く。しかしその店は休業。さらにもう一軒の食堂でたずねてみる。

「ビールなんて、置いてないですよね」

「もちろん」

「………」

僕らは結局、四リンギット、日本円にすると百二十円ほどのナシゴレンと一・五リンギットのアイスティーの夕食になってしまった。ビールのない夕食は早く終わる。部屋に戻るとまだ七時である。部屋にはベッド以外になにもない。テレビすらない。

泊めてくれただけでも感謝しなくてはいけないのだが、あまりに殺風景な部屋に溜息が出る。

「もう寝ようか」

「でも、まだ七時半ですよ」

中田氏はそう答えたが、だからといってすることがないのだ。もう寝るしかない。僕らは明朝、四時台の列車に乗ることにした。目覚まし時計を三時四十五分にセットする。部屋の灯を消したが、さすがに眠気はやってこない。外の壁にへばりついているのか、南国のヤモリのチッチッチッと鳴く声が妙にはっきりと聞こえた。

圧倒される緑だった。僕は窓ガラスに額をつけ、線路を覆うように立つ巨木を見あげた。三十メートルはあるだろうか。頂のあたりにうっすらとかかる靄がまるで雲のように映る。

巨木の森だった。

言葉を失うほどの熱帯雨林だった。

待ち合わせのようだった。列車は森のなかで静かに停まっていた。

その日の朝、僕らは四時にパシルマスの駅にいた。あたりは暗いが、駅の切符売り場だけ煌々《こうこう》と灯がついていた。僕らは一日でグマスまで行くつもりだった。距離にすると約五百三キロである。時刻表を見ると、まずグアムサンまで行き、そこからシンガポール行きに乗り換えてグマスまで行くことが可能だった。マレーシアで、そういう切符を買うことができるのかわからなかった。窓口で相談すると、意外な答が返ってきた。

「今日の列車はシンガポール行きになりました。グマスも通ります。だから、グアムサンで乗り換える必要はありません。そのまま乗っていてください」

僕らにはラッキーな変更だった。切符は二枚で、パシルマスからグアムサンまでが十三・八リンギット、グアムサンからグマスまでは十七リンギットだった。合計で三十・八リンギット、日本円で九百二十円ほどである。アジアの鈍行列車はやはり安かった。

やってきた列車は、ボックス席ではなかった。日本の特急列車のような新しい車両だった。タイのローカル列車のように窓は開かない。車内は冷房がぎんぎんに効いていた。

さすがに眠かった。いつの間にか寝入ってしまった。目覚めるとすでに空は明るく、列車は深い森のなかに迷い込んでいた。

巨木の森を分け入っていくジャングルトレイン

ケムブ駅で待ち合わせ停車。深呼吸の朝だった

ケムブという駅名が見えた。乗車したときはすいていたが、座席の半分ほどが埋まっていた。寝ている間に乗り込んできたらしい。ここでしばらく停車するようで、乗客は次々にホームに降りていった。慌てて後を追う。

ホームに降りた瞬間、森の匂いに包まれた。甘くはない。どこか樟脳《しょうのう》を思い起こさせる匂いといったらいいだろうか。いや、樟脳よりも丸みがある。これが熱帯雨林の朝の匂いだった。

周囲は巨木に覆われた山に囲まれていた。中腹には森の蒸気が白い塊になり、まるで雲のように浮かんでいた。朝日を浴びた木々の葉がきらきら輝いていた。

この列車は、別名、ジャングルトレインと呼ばれていた。マレーシアを植民地化したイギリスは、熱帯雨林から切りだした木材、周辺の鉱物資源や香辛料を運ぶために線路を敷いた。便宜上、東海岸ルートと呼ばれているが、地図でその位置を見ると、マレー半島のほぼ中央を線路が走っている。深い山あいを、谷に沿って鉄路を延ばしたのだ。そこを走ることからこんな名前がついた。

たしかにジャングルだった。山を覆う巨木の森は、人を寄せつけないような威厳すらあった。そこから流れでる匂いも凜《りん》としている。

以前、インドネシアのスラウェシ島で、熱帯雨林に分け入ったことがあった。ガイドの後を歩いたのだが、ときおり、鳥なのかサルなのかわからないような奇声が森に響いた。休憩があり、僕は倒木に腰をかけたが、ものの一分もしないうちに数十匹のアリが這《は》いあがってきた。足首のあたりは毒虫に何ヵ所も刺され、その跡は三ヵ月ほど消えなかった。病院でもらった軟膏を足首に塗りながら、とても人間が入り込める世界ではないことを悟った。

その森が目の前にあった。朝日のなかで静まり返っているが、僕らが足を踏み入れると、森の精霊に感知され、簡単に追い返されてしまうのに違いなかった。

ホームに降りた乗客は、駅舎脇の小屋の前に集まっていた。木製の格子の間からのぞくと、おじさんがひとりで弁当をつくっていた。弁当といってもマレーシア流で、ビニールコーティングされた紙の上に米を盛り、その上から揚げた鶏肉や魚、野菜を載せ、最後に辛めのソースをかけるスタイルだった。それを見ていた乗客のおばさんがひとことといい、脇の入口からなかに入り、弁当づくりを手伝いはじめた。

「手際が悪くて、見ちゃいられないよ」

といったところだろうか。次々に乗客も店のなかに入った。見ず知らずの客同士だというのに、すぐに役割分担が決まって、流れ作業がはじまった。乗客の後をついて店内に入った僕にも、

「そこのパックに入ったジュースをとって」

と、おばさんから指示が出る。

「はッ？」

慌てて棚からジュースのパックをとって渡すと、

「それよ。できるじゃない」

といった満足気な笑みが返ってくる。おばさんが図々しいのは万国共通だが、皆で弁当をつくっているという乗客同士の妙な連帯感がちょっと嬉しかった。僕も紙に包まれた弁当を受けとった。料金は調理台にある缶からに入れろという。


三リンギット、約九十円。温かさが伝わる弁当を手に列車に戻った。包みを開けると、米が浅い青色に着色してあった。彼らの流儀に倣《なら》って手で食べる。森の匂いが仄かに漂ってくる。

列車は南へ、南へと山あいを縫うように進んでいく。マレーシアの列車は、タイに比べれば日本のそれに似ている。車内販売は鉄道の職員の仕事で、彼らがワゴンを押してやってくる。置かれているのは、タイとは違ってポテトチップスや飲み物程度で寂しかったが。車窓の眺めも変わっていく。線路に沿った山々の高度が低くなり、斜面には畑が見えはじめる。森に人の手が入りはじめるのだ。

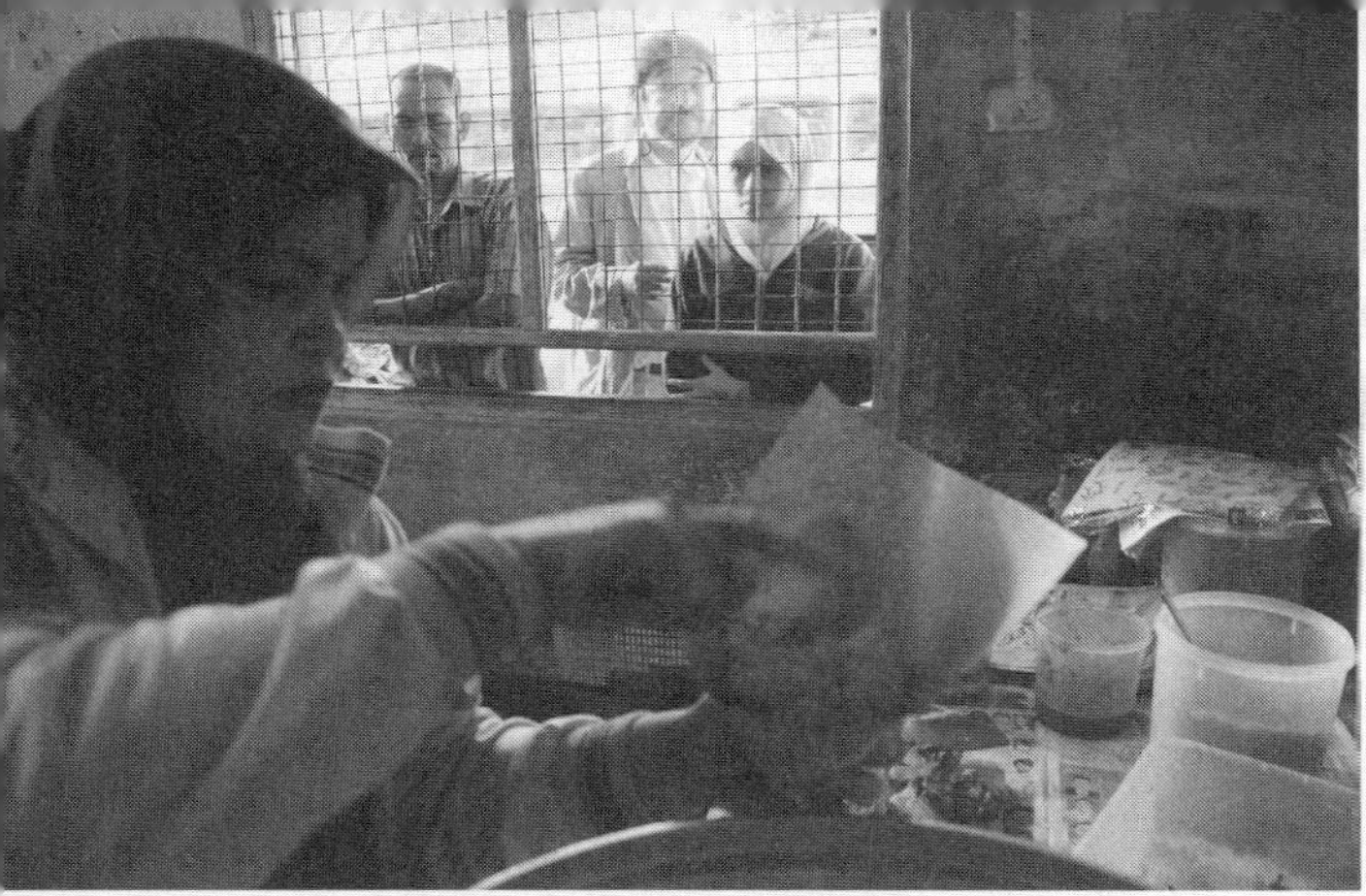

ケムブ駅の売店に並ぶ。やがて弁当づくりを手伝うことに

手づくり弁当は、手で食べる。これが妙にうまいんだなぁ

心を明るくしてくれるような鮮やかなスカーフ姿の女子学生

客層も変わっていった。授業が終わったのか、鮮やかなスカーフ姿の女子学生が大挙して乗り込んできた。車内は急に華やいできた。車内が明るく感じるようになったのは、山がなくなり、車窓には広大なパーム椰子のプランテーションが広がりはじめたためかもしれない。時計を見ると、午後一時をまわっていた。

僕らはジャングルを抜けたようだった。

グマスに着いたのは午後四時だった。

「そういうことなのか……」

のんびりとしたグマスの駅で呟いていた。グマスは東海岸ルートと西海岸ルートが合流する駅である。マレー半島の幹線に出たことになる。ここからシンガポールまでは、かなりの本数の列車があると思っていた。しかし時刻表を眺めると、一日に五本しかない。窓口の女性職員に訊いてみた。

「ローカル列車ですか？　四本はエクスプレスですから、十五時五十七分発の一本だけですね。シンガポールには二十時四十五分に着きます」

「そ、そうですか……」

マレーシアでも各駅停車は、列車ダイヤの隅に追いやられつつあった。あと一年か

パーム椰子のプランテーションが広がりはじめた。熱帯雨林を抜けた

気が抜けるほど静かなグマスの駅。マレー鉄道の要衝なんだけど

二年で運休になってしまうのかもしれなかった。

グマスは鉄道の要所だったが、街はそれほど大きくない。中心街は二十分ほどでひとまわりできてしまう規模だった。街にはインド系の人々や中国系の人々が目立つ。食堂にはシンガポールのタイガービールのポスターがこれみよがしに貼られている。建物は南洋風のものが多い。どこかマレーシアを抜けて、シンガポールに入ったような気分になる。入った食堂では、インド系の男がふたり、ギネスビールをちびちびと飲んでいた。

グマスからシンガポールまではそれほどの距離ではない。二百二十一キロである。翌日、十五時五十七分に発車した列車は、マレーシア半島南端のジョホール・バルをめざして南下していく。僕らが乗ったのはローカル列車だが、ひとつおきといった感覚で駅を通過してしまう。

「ローカル列車が停まらないってことは、もう廃駅ってことだろうか」

「貨物専用駅っていうのも、このあたりじゃ考えにくいですしね」

そんな会話を続けながら、僕らは車窓を眺めていた。グマス駅を出て一時間ほど走った頃だろうか。列車は徐行しながら、ひとつの駅を通過した。『TENANG』という駅名が見えた。しかし、そこにあるのは建物だけで、乗客はもちろん、駅員すら

これで30リンギット、約900円の夕食。だからアジアの旅はやめられない

ビールはあるが高い。ひと壜11リンギット。でも2日ぶりだから……

いなかった。

廃駅――。

なんだか寂しい眺めだった。僕らはそれから、十駅ちかい廃駅を見続けることになる。マレーシアの鉄道駅は、会社でいうリストラのただなかに置かれているのかもしれなかった。

ジョホール・バルの駅は再開発の波に洗われていた。ジョホール・バル駅の手前に、ジョホール・バル・セントラル駅がすでにできあがっていた。ホームが何本もある立派な駅である。おそらくこれから、マレー半島の南の基点はこの駅になるようなつくりだった。その手前には、ダンガ・シティ・モール駅というショッピングモールに隣接した駅もあった。この一帯は、一大ショッピングゾーンに変わっていくのかもしれない。

そのなかをとことこ走るローカル列車は、すでに過去の遺物のような気になってくる。どことなく薄暗く映るジョホール・バル駅に着いたのは、夜の八時だった。イミグレーションの係員が乗り込んできて、マレーシア出国のスタンプを捺《お》す。

やがて列車は、暗いジョホール海峡に出た。海中につくられた橋の上をゆっくり進む。シンガポールの灯が、その先に見えた。

鈍行に乗りながら、廃駅を見るのはつらい。黙り込んでしまう

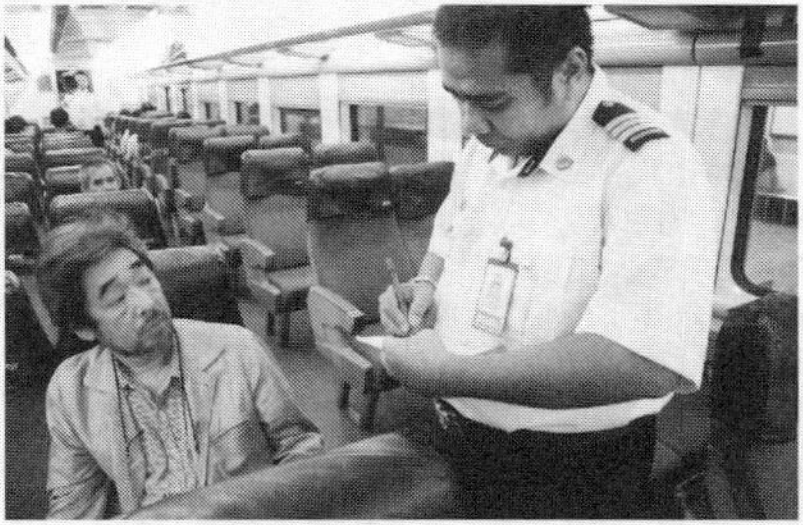
いたって簡単なマレーシア出国。スタンプは車内で捺された

シンガポール駅（タンジョン・パガー駅）に着いた。このマレー鉄道の駅は二〇一一年夏に廃止される予定

旅のデータ マレー鉄道 バンコクからシンガポールへ

マレー鉄道とは、一般的にタイのバンコクからマレーシア、シンガポールまでのマレー半島を縦断する鉄道の総称である。タイ国内はタイ国有鉄道、マレーシア国内はマレー鉄道の路線だ。

●タイ国有鉄道

公式 HP（タイ語）http://www.railway.co.th/
（英語）http://www.railway.co.th/English/index.asp

【路線】 バンコク～チェンマイの北本線、南のバタンブサールに向かう南本線、ノンカーイからラオスまで行く東北本線、カンボジア国境のアランヤプラテートまでの東本線など。プロローグで紹介しているのは北本線。第一章で紹介しているのはハジャイまでの南本線と、ハジャイからスンガイコーロク間の支線。

【時刻表】 タイ国鉄の公式英語サイトに時刻表がある（http://www.railway.co.th/English/Time_HTML.asp）。本文で触れているように英語サイトにはすべての列車が掲載されているわけではない。とくに各駅停車（鈍行）は省略傾向。同サイトのタイ語版を見ると、いくつかの各駅停車も登場してくる。ただし、これもすべては掲載されていない。冊子スタイルの時刻表もタイにはない。駅の窓口で訊くことがいちばんだ。窓口は簡単な英語なら大丈夫。

【切符の買い方】 各駅停車に限れば、事前に購入する必要はない。座席指定もない。適当な席に座ればいい。車内の車掌から買うこともできる。

●マレー鉄道（KTM）

公式 HP http://www.ktmb.com.my/mainpage.aspx

【路線】 マレーシアのバターワース～クアラルンプール～シンガポールという西海岸線（ウエストコースト線）と、本文で紹介している東海岸線（イーストコースト線）が中心になる。各駅停車（鈍行）は東海岸線のみになっている。

【時刻表】 マレー鉄道（KTM）の公式サイトの時刻表をプリントして持っていったが、時刻や運行が若干変わっていた。目安として考えたほうがいい。最終的には駅の窓口で確認になる。インターネットのウィキペディアの「マレー鉄道」の項目には、時刻表はないが、全駅名が記載されていている。参考になった。

【切符の買い方】 当日に駅窓口で買っても大丈夫だった。一応、座席指定になっていたが、かなり空いている。乗客は勝手に座っていた。

■運賃〈2010年4月～5月乗車時データ〉

- ●バンコク――ランスワン ……………… 90バーツ
- ●ランスワン――ハジャイ ……………… 70バーツ
- ●ハジャイ――スンガイコーロク …… 42バーツ
- ●パシルマス――グマス ………………… 30.8リンギット
- ●グマス――シンガポール ……………… 13リンギット

タイ通貨1バーツ
=日本円約3円
マレーシア通貨1リンギット
=日本円約30円

総額約1920円

第二章

ベトナム

ホーチミンシティからハノイへ

ゴザで寝る四十二時間三十分

2010年６月取材。10000ドン＝約50円、１USドル＝約90円換算

ベトナム
ハノイ
トンキン湾
ラオス
海南島
ドンレー
ビエンチャン
南シナ海
フエ
ハイバン峠
ダナン
タイ
ウボンラチャターニー
ベトナム国鉄南北線
ベトナム
メコン川
カンボジア
ニャチャン
タップチャン
プノンペン
ホーチミンシティ
（サイゴン）
N
100km

「これだけ？」

ベトナム在住の知人が送ってくれた時刻表を手に、目を疑った。Ａ４サイズの紙一枚に上下八本の列車が載っているだけなのだ。

ベトナムはそれほど小さな国ではない。面積は日本よりやや狭いものの、人口は二〇〇九年の段階で八千五百万人を超えている。しかしホーチミンシティとハノイを結ぶ列車が、一日に五本しかないのだ。もはや昔語りになってしまったが、かつてベトナムは、人の移動を制限していた時代があった。いまはバス便もかなり発達している。そういった事情を差し引いても、一日五便はあまりに少なかった。

やや強引だが、日本にあてはめてみる。ホーチミンシティとハノイは、東京と大阪にあたる。その間を結ぶ新幹線は、一日にいったい何本あるのだろうか。ＪＲの社員は、その切符を売り、車掌は切符をチェックし、保線係は点検に汗を流す。それに比べると、一日五本の列車しかないベトナム国鉄の職員は、遊んでいるようなものではないか。

ベトナムのビジネスの中心はホーチミンシティである。しかし首都はハノイ。ホーチミンシティの会社で働く人に聞くと、さまざまな申請や打ち合わせのために、しばしばハノイに出向くという。需要はあるのだ。それが五本の列車で足りるだろうか。

もっとも、そういうビジネスマンは、飛行機を使ってしまうといえば、返す言葉もないのだが……。

「タイには、英語版の時刻表には出ていない隠し列車が何本もあったんです。ベトナムも、実際はもっと多くの列車が走っているのに、それを時刻表に載せていないってこともあるんじゃないかと……」

知人は僕の言葉を受けて、サイゴン駅に問い合わせてくれた。ホーチミンシティの駅は、この街の旧名を使ってサイゴン駅と呼ばれていた。

「やっぱり一日五本です。あと、途中のフエ、クイニョン、ニャチャン行き列車が一本ずつ。この八本がサイゴン駅を発車する列車のすべてですって」

僕は悩んだ。どれが鈍行列車なのか、判定が難しいのだ。選ぶといっても八本しかないのだが。

ベトナムの列車を調べてみると、かつて、ＮＡという列車番号がつけられた各駅停車があった。しかしその番号の列車は八本のなかには見あたらない。さっぱりわからなかった。

その名残はハノイをめざす列車ではなく、フエやニャチャンに向かう列車なのかもしれなかった。ニャチャン行きは、夜の二十時五分に出発して、ニャチャンに朝の五時十五分に着くことになっている。のっけから夜行である。しかしこれらに乗ったところで、着くのは途中駅のニャチャンまでだった。結局その先は、サイゴン駅とハノイ駅を結ぶ列車になってしまう。僕らはサイゴン駅からハノイ駅まで千七百二十六キロをローカル列車で走破しようと目論んでいたのだ。再び、時刻表に視線を落とした。

サイゴン駅からハノイ駅に向かう列車は、それぞれ所要時間が記されていた。最も早い列車が二十九時間三十分である。これはニャチャン、ダナン、フエ……といった主だった駅にしか停車しない。いってみればこれが急行といったところだろうか。次いで三十一時間三十分、三十三時間、三十四時間と続く。所要時間が長くなるほど、停車駅が増えていく。これらの列車にはSEという記号が振られていた。

しかし、所要時間が四十二時間三十分という、やたら時間がかかる列車が一本あった。これにはTNという記号がついていた。時刻表に記載されたほとんどの駅に停車していく。

「これを鈍行列車と考えるしかないんじゃないかな……」

これはシンプルである。ひとつの列車だけに乗ればいいのだ。途中下車をしたら、そこで一日をすごし、翌日の列車に乗ればいい。

こうして僕らのベトナム鈍行列車の旅は、TN2と番号がついた列車に乗ることからはじまった。

サイゴン駅発は、毎日、午前十時五分だった。


遅い——。

サイゴン駅を発車した列車は三十分ほどでサイゴン川を越え、ホーチミンシティの郊外を走っていた。ホーチミンシティの市街地ではスピードをあげないのはわからないではないが、郊外に出ても、いっこうに速度があがらないのだ。アジアのいくつかの国でローカル列車に乗ってきた。車窓を通りすぎる水田や南国の木々を眺めていると、だいたいの速度がわかる。その経験で外を眺める。やはり風景の動きが鈍い。ハノイまでの千七百二十六キロという距離を単純に所要時間で割ってみる。平均時速四十キロ——。途中の駅に停まり、ほとんどが単線だから待ち合わせもあるだろう。実際はもう少し速く走るのだろうが、時速五十キロを超えないのだ。これがベトナムの鈍行列車というものらしい。

世界の高速列車は、時速三百キロとか、ときには時速四百キロなどという話が話題になる。ローカル列車だから、そんな速度は端《はな》から期待していない。しかし時速四十

サイゴン駅。駅は立派だが、発着列車は少ない暇な駅だ

ハノイ行きが入線した。荷物が多い。昔のアジアの列車を思いだした

キロ台というのはやはり遅いのだ。線路の隣に道路があったとしたら、そこを走る車にどんどん追い越されてしまうことになる。ベトナムの道路も、最近はずいぶんよくなってきた。そこを走るバスは軽く時速八十キロや九十キロは出すわけで、いくらベトナムの時間感覚が緩いといっても、客はバスに流れていってしまう。ベトナムの列車は、そういう位置に追いやられているようだった。

僕らが乗った列車は、これでも各駅停車ではなかった。サイゴン駅を出て一時間近く走ったが、手に入れた時刻表には載っていないいくつかの駅を停車せずに通過していた。駅員がいる駅もあった。時刻表にあったニャチャンやクイニャン行きの列車が停車するのかもしれないし、貨物専用駅になっている可能性もあった。しかし、なかには無人の駅舎だけが残り、すでにホームが壊されている廃駅も目にする。

しばらく前まで、すべての駅に停車する各駅停車もあったという。かつて、移動は列車という時代から、少しずつ、列車の存在は薄くなってきたのだろう。時速四十キロ台というスピードは、やはり時代からとり残される存在だった。

車内もローカル列車そのものだった。四人がけと六人がけの木製のボックス席である。そこにぎゅうぎゅうと押し込められるのだ。一時間も乗っていると尻が痛くなってくる。

ベトナムの車窓風景はいつも金網越し。これが少し残念なんだよなぁ

狭い車内に人と荷物とがすぽっとおさまる。皆、慣れてます

「これだけ遅いのに、けっこう混むんですね」

ほぼ満席の車内を眺めながらカメラマンの中田氏がいう。

「やっぱり安いのかねぇ」

その日の朝、僕らはサイゴン駅でニャチャン手前のタップチャンまでの切符を買った。駅の窓口には、青いアオザイ姿のおばさんが座っていた。コンピュータで打ちだされた切符には運賃がはっきりと印字されていた。

八万三千ドン——。

やたらゼロが多くて、一瞬、ぎくりとするが、日本円にすると約四百十五円なのである。前日、僕はホーチミンシティの空港に着き、ゲストハウスやミニホテルが集まるデタム通りまでタクシーに乗った。その運賃が十二万ドンだった。やはり、列車は圧倒的に安いのだ。

もちろん冷房などない。天井の扇風機がぎしぎしと音をたててまわっているだけだ。窓には金網が張られている。車中は暑いから、どの窓も開けられ、そこからまったりと暑い南国の風が吹き込んでくる。車両はいったい何年走っているのかわからないほど古かった。

発車して三時間ほどがすぎた。午後の暑い時間帯である。この頃から、車内では人が動きはじめた。昼寝時間に入ってきたのだ。その光景を、僕は口をあんぐりと開けて見ることになる。

僕らの隣に座っていた若い夫婦が、鞄のなかから網のようなものをとりだした。夫は椅子の上にのぼると、網の端を座席の背にしばりつけ、もう片方の端は隣席の荷棚にとりつけた。ハンモックだった。そこにまだ幼い子どもを乗せたのである。子どもの体重で、ハンモックは下がり、ちょうど奥さんの頭のあたりで子どもが寝ることになる。手でハンモックを揺らすという段どりだった。

その手際のよさに見とれていると、少し先の座席では、もっと大きなハンモックがとりつけられた。これは大人用だった。車内の空間を使って、寝床をつくってしまうのだ。

床の上でも人が動きはじめていた。通路やボックス席の下に、ゴザが敷かれはじめたのだ。そして乗客たちは、平気でそこに体を横たえはじめた。すると、通路の向こうから、丸めたゴザを五、六個かかえたおばさんが現れ、一万ドン札を受けとると、ゴザをひとつずつ渡しはじめた。レンタルゴザ屋が登場したのだ。

この列車に乗る前、僕らはサイゴン駅のホームで列車を待っていた。同じようにホームで待つ客の足許には丸められたゴザが置かれていた。なにに使うのかと思ってい

65

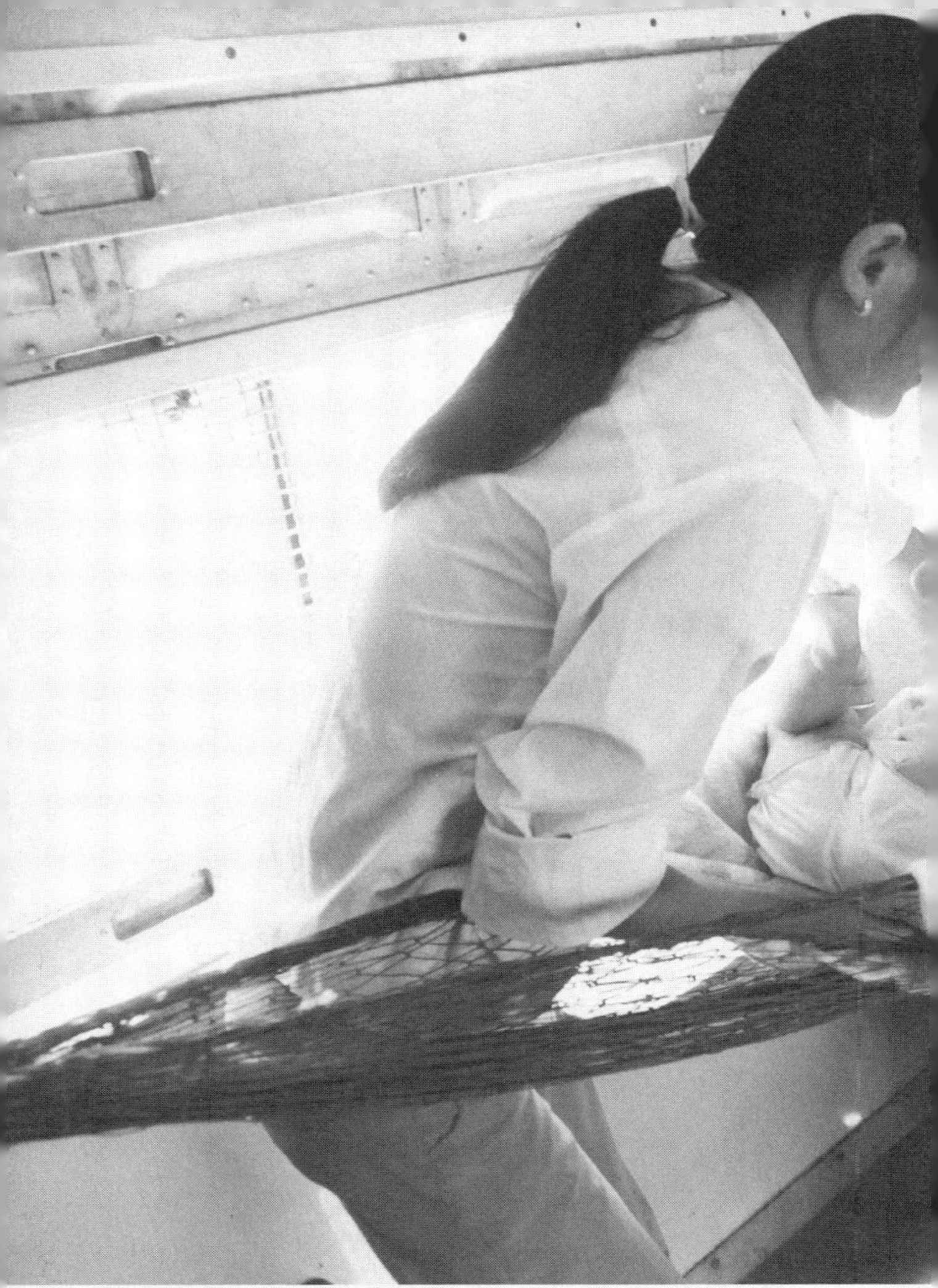

ボックス席にハンモックを張る。日本でやったらどうなるんだろう

たが、車内で寝るためのものだったのだ。

あっという間に、車内の床は埋まっていった。四人がけのボックス席の場合、足許にゴザを敷き、そこにふたりが寝る。すると座席が空くため、そこに横になればいい。六人がけでは、同じように座席下にふたりが寝、あとのふたりは通路に敷いたゴザの上やハンモックで横になる。残ったふたりは座席で横になるという寸法である。あまりのみごとな連携プレーを、僕は呆然と見つめるしかなかった。

床では若い女性も寝はじめた。どこで着がえてきたのか、パジャマ姿の女性までいる。ベトナムの人々は、通路や床に寝ることをなにひとつ気にしなかった。

二十年ほど前、ホーチミンシティのある会社を訪ねたことがあった。午後の一時頃だった。教えられたビルに入り、オフィスに入ると少し暗い。見上げると天井の照明が消されていた。オフィスは広く、デスクが整然と並んでいた。ふとその間を見ると、ワイシャツ姿の男性が床にダンボールを敷いて寝ていた。隣の通路を見ると、そこには女性の社員が寝入っていた。

奥でひとりの日本人が手を振っていた。彼との約束だった。

「ベトナムでは、昼寝は欠かせないんですよ。昼休みは十二時から午後二時まで。彼らは昼食を食べた後に、こうやって床の上に寝ちゃうんですよ。女子社員も平気。私

車内で売られる駅弁。温かいドクダミスープ付き。約120円。安い

親子で昼寝中。子どもはこうしてどこでも眠る技を身につける

はなかなかできなくてね。それに日本から電話もかかってくる。昼寝の場所でいちばん人気は社長室。じゅうたんが敷いてありますから。社長はめったに来ませんから……見ます？」

彼は社長室に案内してくれた。そこには十人ほどの女性社員が、パジャマ姿で寝入っていた。彼女たちは、会社にパジャマまで持ち込んでいたのだ。

車内の通路で昼寝をする女性を見ながら、あの社長室を思いだしてしまった。

ベトナムだった。彼らは三十年に及んだ長いベトナム戦争の間も、昼寝を欠かさなかった。暑い国の習慣とはいえ、これだけ昼寝を守り続ける民族もそう多くはない。まだ冷房もなかった時代に東南アジアはどこも昼寝をする国だった。しかし都市にビルが建ち、そこには冷房が効く時代に入ると、いつの間にか昼寝の時間が消えてしまった国は多い。タイのオフィスワーカーの昼休みは十二時から午後一時である。食事の後、昼寝などせずに働きはじめる。欧米や日本の習慣に倣ったのだろう。農家では昼寝をする人が多いが、都市の文化のなかからは昼寝はどこかに追いやられてしまった。

しかしベトナムは昼寝なのである。

列車は古く、椅子は木製である。リクライニングもない。しかしベトナムの人々

タップチャン駅。切符を買う人は数えるほどしかいない

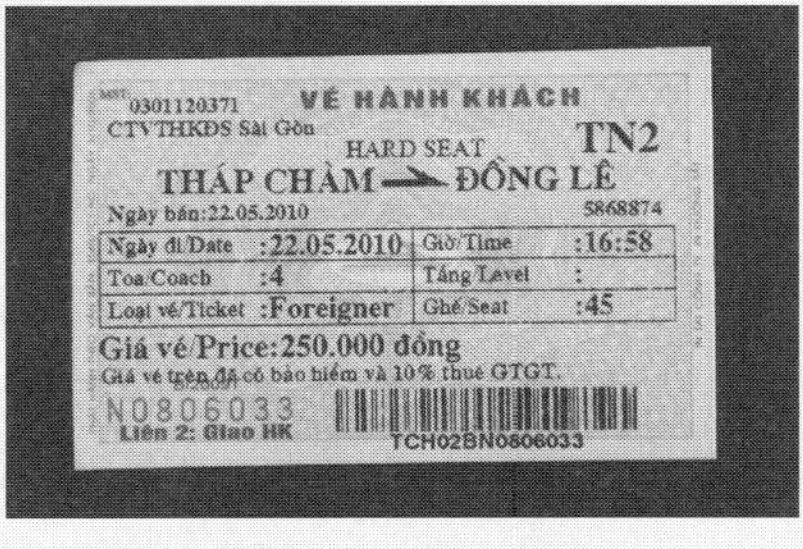

切符は当日でも簡単に買えてしまう。なにしろ鈍行は遅いですから

は、そんな状況をものともしない。過酷な列車に耐えようともしない。そのなかで、いかに快適にすごすかを考える民族である。だから彼らは、列車にハンモックやゴザを持ち込み、そこに目をつけたレンタルゴザ屋まで登場するのだ。たくましいのである。

僕らはゴザを持っていなかった。システムもよくわからず、ゴザをレンタルすることもできなかった。しかたなく、椅子に座ったままで目を閉じるしかない。吹き込む風は熱風に変わり、じっとしていても、額に汗がにじんでくる。そのなかで耐えているというのに、ベトナムの男や女は、床の上で心地よさそうな寝息をたてているのだ。

なんだか悔しかった。

そのとき僕は誓った。

明日の夜はゴザで寝る……。

タップチャンで一泊した後、僕らは夜行に乗ることにした。四十二時間三十分かかってハノイに向かう列車を軸に進むのだから、どこかで夜行ということになってしまうのだ。

翌日、僕はタップチャンの駅前でゴザを買った。三万ドン、百五十円ほどだった。

売店でゴザを買う。約150円。使い方は123ページの写真で

駅前の屋台食堂。フォーや飲み物、ビールもある

いぐさの香りがする新品だった。この匂いにつつまれて熟睡と決め込んでいた。

夜になり、乗客はそれぞれ、寝る体勢に入っていった。僕も座席の下にゴザを敷き、もぐり込むようにして、そこに横になった。

よく眠ることができたか？

座席の下は、思っていたほど快適ではなかった。まず空気が澱んでいた。開けられた窓から風が勢いよく入ってくる。いくら暑いベトナムでも、夜になると気温も下がってくる。椅子に座っていれば、その夜風が心地いいのかもしれないが、それは椅子から上の世界の話だった。椅子の下に風はわずかしか届かず、重く湿った空気が溜まってしまうのだった。

椅子の下に寝る体勢はベトナム人に倣った。ボックス席の下で、列車の進行方向と平行になるように体を滑り込ませる。そこで困るのが列車の揺れだった。線路が老朽化し、メンテナンスも満足に行われていないのか、ベトナムの列車の横揺れは激しい。これがスピードを出すことができない一因でもあるのだが、右に左にとかなりの頻度で揺れるのである。進行方向に対して垂直に体を横たえたときは、その揺れをある程度吸収できるのだが、進行方向と平行に寝ると、その振動をもろに受けてしまうのだ。列車の揺れに合わせて、体が左右に動く。大きな揺れがくると、ゴロン、ゴロ

タップチャン駅の待合室で３時間、TN2の列車を待った。暇……

いよいよゴザ持参で列車に乗り込む。ちょっと興奮してしまった

ンと転がってしまうのである。つかまるところもないから、体をその揺れに任せるしかない。

体が動くたびに、前後で、僕と同じように椅子下で寝る人の頭や足に触れるのである。椅子の下で寝ようとしたとき、少し悩んだ。前方のボックス席の下には大人の男性、後方のボックス席下には男の子が眠っていた。子どものほうが体が小さいからスペースも広いだろうと思い、子ども側に頭を突っ込むことにした。

これが失敗だった。たしかにスペースはあったのだが、この子どもがよく動くのである。体も軽いせいか、列車の揺れに合わせてコロコロ転がる。そのたびに子どもの足が僕の頭にぶつかるのである。

「これは眠れん」

体勢を変えることにした。頭と足の位置を入れ替えようとしたのだが、椅子の下ではこれが大変なのである。なにしろ顔の上、十センチほどのところに椅子があるのだ。横になった体を起こすことはもちろんできないが、横向きになることもできないのだ。僕はずりずりと体を足の方向に移動させ、最後は足を曲げて、なんとか顔と上半身を、椅子の間まで持っていった。ここで体を起こし、百八十度回転させるのである。

夕食も弁当だった。たった100円。空心菜スープ付きの満足

椅子の下にゴザを敷き、こうして体をすべり込ませる。寝心地は本文を

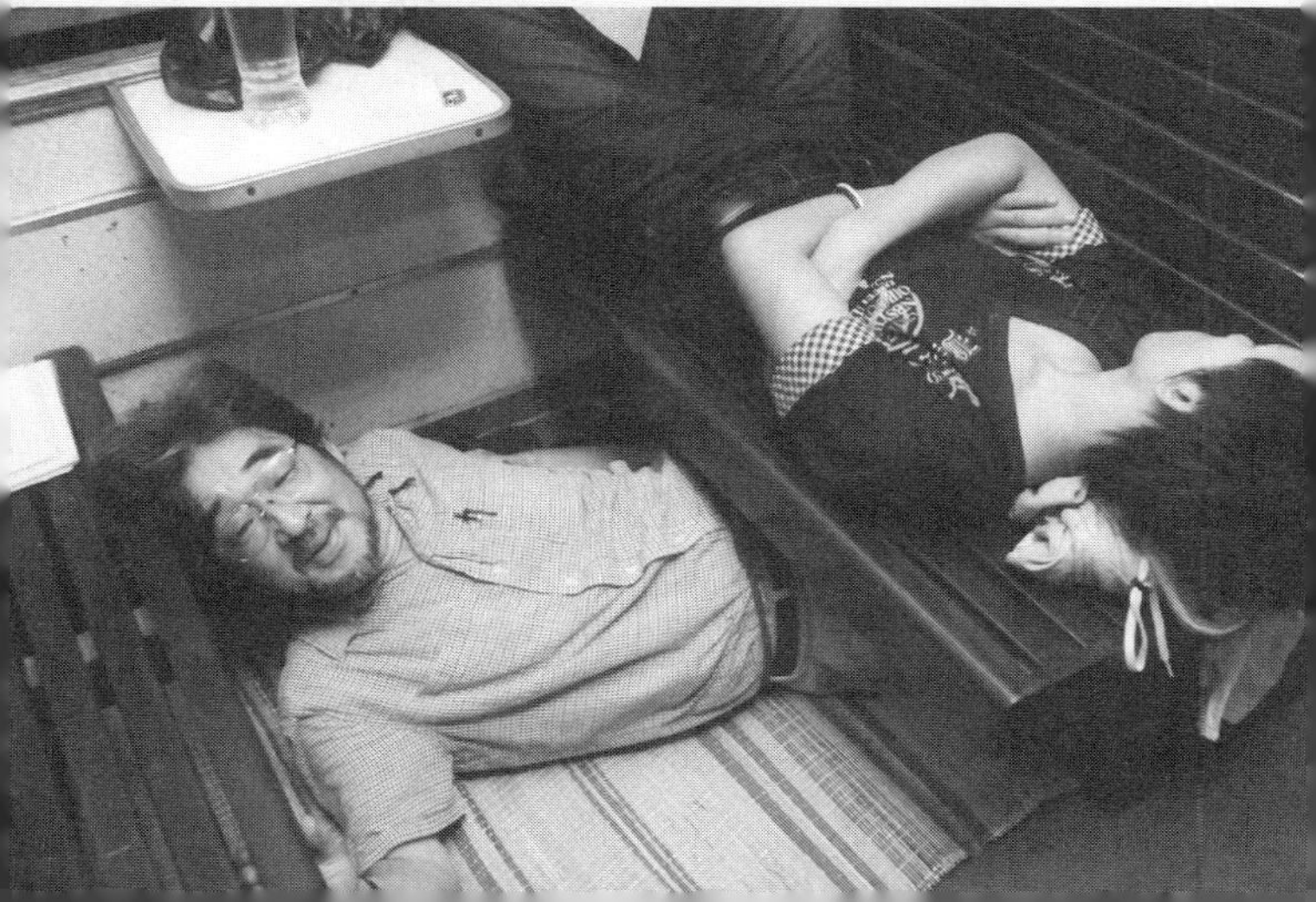

そのとき、椅子の上で寝入る人たちの姿が見える。中田氏はバッグを枕にしてすやすやと眠っている。

「上のほうがよかったか……」

しかし椅子の上にはもう空いているスペースはなかった。鼻白む思いで、大人の男性が寝ている側に頭を突っ込んでいく。しかしあたり前のことだが、そちら側のスペースは狭い。足のほうが子どものいる側に深く入っていってしまう。

その子どもがよく動くのである。

僕の足に、子どもの足や腰のあたりが触れるのである。

「………」

寝返りもうてない椅子の下で、さて、どうしたものか……とひとり思いあぐねるしかなかった。


寝不足の夜が明けた。時計を見ると、朝の五時だった。床の上にゴザ一枚を敷いただけだから、体が触れる面はかなり硬い。体の節々が痛かった。ずりずりと体をずらし、椅子の間で体を起こし、椅子に座った。時刻表を眺めると、ダナン手前だった。ハノイまでの道のりの半分も来ていない。

野良仕事は暑くなる前の早朝に。東南アジアの常識です

ダナンに着いた。金網越しに、ホームに並ぶ売店にチェックを入れる

ベトナムの列車は遅かった。

ダナンで進行方向が変わった。ハノイをめざす列車の難所、ハイバン峠越えが待っていた。パワーのあるディーゼル気動車に換えたのだろうか。ダナンの街をすぎると、列車は急な傾斜をゆっくりと登りはじめた。トンネルをいくつか越えると、山の急斜面につくられた線路を列車は登っていた。東側は垂直に見える崖で、その下には岩に砕ける波が光っていた。列車は急なカーブを、ぎしぎしと音をたてながらまだ登る。たしかに難所だった。

西側に目をやると、こんもりとした山の頂がいくつか見えた。その山が、カーブを曲がるごとに大きくなっていく。吹き込む風も心なしか涼しいような気がする。だいぶ高度をあげたのかもしれない。

いったいどこが峠なのかわからなかった。そこに駅があるわけでも、標識があるわけでもなかった。眼下の海、頭上の山……それに見とれていると、列車はすでに下りはじめていた。

東側に小さな入り江が見えてきた。列車はハイバン峠を越え、再び海岸線に戻ってきたようだった。下りきったところにある小さな駅で列車は停車した。『ＴＨＵＡＬＵＵ』という駅名が見えた。停車駅ではないのだが、ここで気動車のつけ替えをする

朝日を受ける南シナ海が眩しい。ハイバン峠はもう近い

列車は峠にさしかかる。急勾配を粘り強く登っていく

ハイバン峠はこれまで２回通ったが、いつも夜。絶景地だと今回はじめて知った

ようだった。峠を越えた列車が停車することがわかっているのだろう。ベトナム風の菅笠《すげがさ》をかぶった女性たちがわらわらと現れ、手にしたスルメを売りはじめた。時刻は午前十時頃で、強い陽射しが容赦なく照りつけている。ホームのほかに、隣の線路側で売るおばさんもいる。彼女たちは右手にスルメの束を持ち、左手で小型のバケツのようなものを持っていた。そのなかを見たとき、軽いめまいを起こしそうだった。赤く熾《おこ》った炭が入っていたのだ。気温は軽く三十度を超えているだろう。炎天下の体感温度は三十五度以上になる。そのなかで、スルメを炭で炙って売るのだ。そのほうがおいしいことは僕もわかる。しかし、この場所でやることだろうかとも思えるのだ。スルメはそのままでもおいしいのだ。

温かくなければ食べない――。

サイゴン駅で列車に乗って以来、何回となく教えられたベトナムの流儀だった。サイゴン駅を出発してしばらくすると、昼食の車内販売がはじまった。玉子焼き、ブタ肉炒め、青パパイヤ炒めというおかずにご飯。タイとは違い、ベトナムの列車は国鉄職員の仕事だった。これで一食二万五千ドン。百二十五円ほどである。その弁当を受けとり、さて食べようか……と箸をとると、もう一台のワゴンが大型保温ジャーを乗せて現れた。そして弁当を買った人に、スープを配りはじめたのである。

ベトナム名物フランスパン。植民地時代の置き土産がホームに並ぶ（ダナン駅）

朝からこんなに食えるか！　という日本人の視線もベトナム人には効き目なし

スープを啜ってみた。ドクダミの葉が入った温かいスープだった。ドクダミの葉は、ベトナム人の好物の葉物だった。おかずを生のライスペーパーでくるむ生春巻は、ベトナム料理の代表格のひとつだが、頼むと、さまざまな葉が入った葉物セットが必ずついてくる。ベトナムの人々は、その生の葉も一緒にくるんで食べる。そのなかに必ずといっていいほどドクダミの葉も含まれていた。なんでも体にはとてもいいと聞いたことがある。車内の弁当にも、そのスープがついてきた。それも温かいものをジャーに入れて……。

さまざまな国で駅弁を食べてきたが、これだけしっかりとしたスープがつくのは珍しかった。国によっては弁当だけを売り、あとは各々が買う水やお茶というスタイルも多かった。ベトナムでは、そういう安易なことをしないのである。

タップチャンから乗った列車では、夕食の弁当を買ったが、そこにも空心菜の温かいスープがついてきた。唸ったのは、車内の一夜が明けた朝だった。フォーが登場したのだ。もちろん大型ジャー同伴である。器にとり分けた麵の上から、スープをかけ、黒コショウを散らす。このスープは温かいというより熱かった。それをフーッフーッと息を吹きかけながら啜るのである。寝不足の体が、一気に目を覚ますような感覚だった。

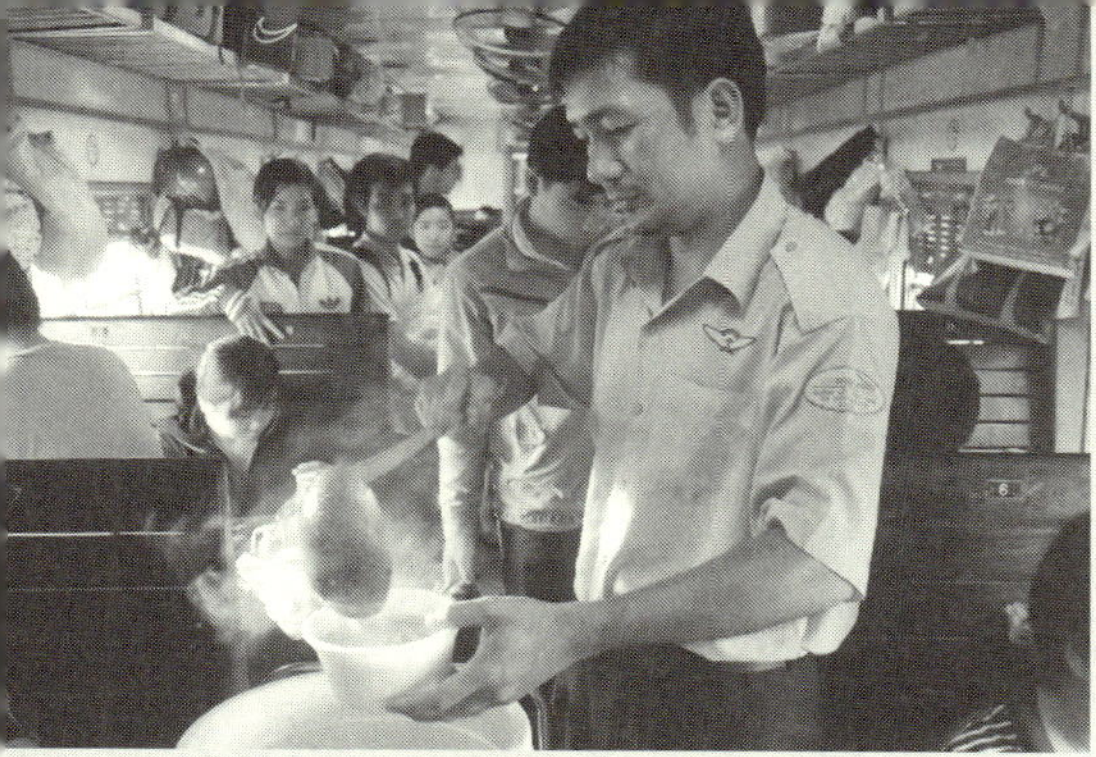

ベトナムの車内販売には保温ジャーは欠かせない。こだわりです

寝不足の体に熱々のフォーが沁みました

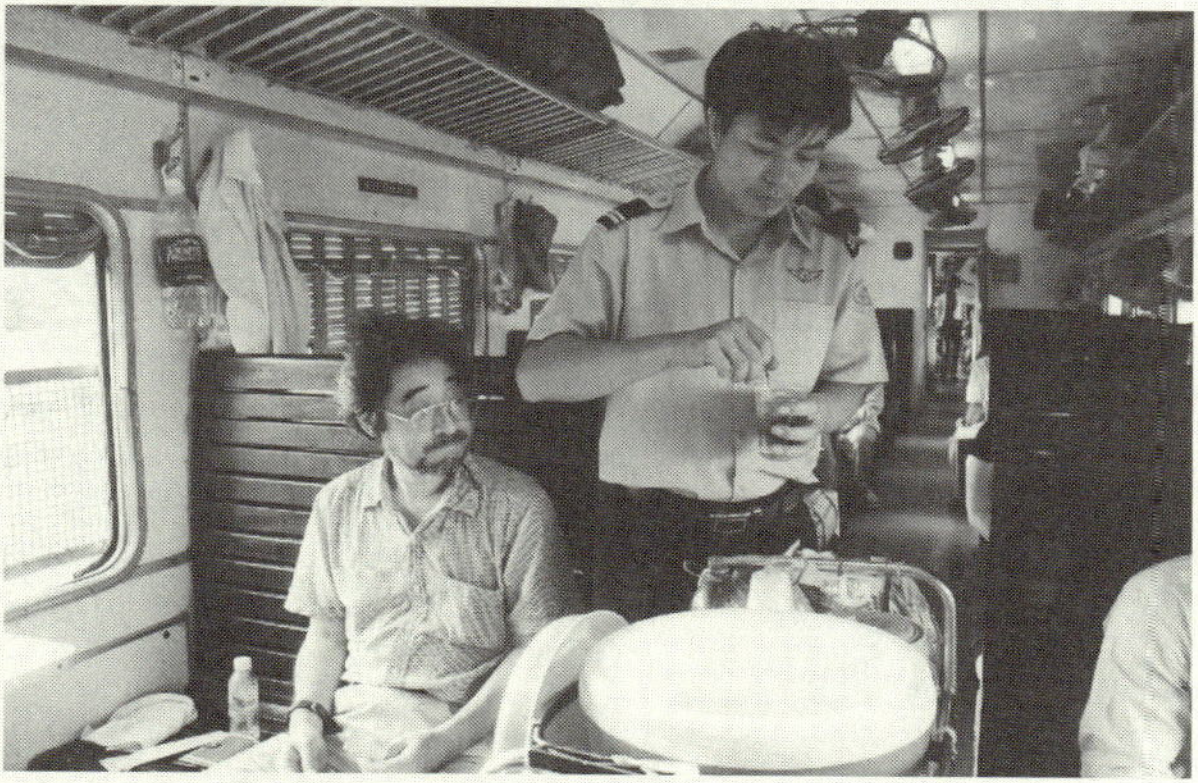

こちらはベトナムコーヒーの車内販売。ジャーには氷が入っている

しばらくするとまた大型ジャーが現れた。なかにはざくざくと氷が入っていた。ベトナムコーヒーだった。すでに淹《い》れてあるコーヒーに、コンデンスミルクをたっぷりと注ぎ、大量の氷を入れる。ホーチミンシティの街角の朝が列車のなかで蘇ってくる。これで一万ドン、五十円なのである。

ベトナム列車の車内販売には大型ジャーが必需品だった。僕はこのジャーのなかからさまざまなものを買った。ホビロンと呼ばれる孵化直前のアヒルの卵もこのジャーから買った。温かいホビロンは、玉子とも肉ともいえない風味で、ビールがほしくなる。

ジャー以外のケースがワゴンに乗せられてくるのは、夕暮れどきのビールタイムだった。ベトナム列車の車内販売は、なかなかキメがこまかく、この時間帯になると、ビールとそのつまみまで売りにくる。ケースのなかに入っていたのは、焼き鳥やさつま揚げだった。さつま揚げはハサミで切り分けて売ってくれる。これがまた、３３３《バーバーバー》というベトナムビールと合うのだ。

車内販売の食事は、すべて連結されている食堂車でつくられていた。食堂車には一応、テーブルもあるのだが、そこは職員の休息エリアになっていた。食事は車内販売というスタイルだった。さして広くもないであろう揺れる厨房から、野菜炒めや肉炒

孵化直前のアヒルの卵、ホビロン。1個5000ドン、約25円の珍味

ビールがほしいなぁと思うと売りにくる。乗客心理を読み抜く車内販売

め、スープを仕込み、フォーまでつくってしまうコックはなかなかのものだった。彼らがベトナム国鉄の公務員というのも信じ難いことだった。ある程度は歩合給のようなものをとり入れているのかもしれないが、手を抜こうと思えば、いくらでもできる。競争相手はいない独占販売なのだ。

「スープなんてなくても、弁当は売れるよ」

そう考えてしまうのは日本人だからなのかもしれない。食事には温かいスープ——という組み合わせがインプットされていて、それをはずすことは彼らにはできないことなのかもしれなかった。サービス精神などというもの以前の、食の常識なのかもしれなかった。

彼らはおいしい食事であれば、食べる場所を問わない。テーブルにきちんとセッティングされた食事ということが、おいしい食事の条件のひとつになってしまった欧米人や日本人は、揺れる列車の床に座っても、おいしい食事を食べようとするベトナム人の前では、やはり負けてしまうような気もするのだ。

その後に乗った列車では、究極の駅弁にも出合っている。ワゴンの上にご飯やおかず、大型ジャーを乗せた車内販売が登場したのだ。スープ用のへこみまである弁当容器が用意されていて、その場で湯気の出るご飯を盛り、野菜や肉の炒め物のおかずを

午後、車内はやりどころがないほど暑くなる。風だけが頼りだ

そろそろ北緯17度線を越えただろうか。かつての北に入ったのだろうか

よtoo、温かいスープをジャーからすくって入れてくれる。いってみればできたて弁当なのである。これで二万五千ドン、約百二十五円なのだ。

それを頬ばりながら、開高健の小説を思いだしていた。ベトナム戦争を舞台にした小説だった。アメリカ軍と南ベトナム軍の兵士が、ベトコンの村を襲撃する。その情報が漏れていたのか、村には誰もいなかった。南ベトナム兵は、戦利品として生きた鶏を持ち帰ることにした。兵士たちは、夜のあぜ道を兵舎に向けて歩いていた。このときがいちばん危なかった。ベトコンの兵士が水田のなかに潜んでいて、急襲される可能性があった。そのなかを、南ベトナム兵は鶏を生きたままで持っている。ときどき鶏が鳴いてしまうのだ。

上官であるアメリカ兵が、その南ベトナム兵に近づき、耳許で囁くようにいった。

「殺せ」

当然だった。鶏の鳴き声は、暗いあぜ道を歩く兵士たちの位置を教えているようなものだった。しかし南ベトナム兵は、その命令を拒む。そしてこういったのだった。

「まずくなる」

それがベトナム人だった。

車内で売られるできたて弁当は、そんなベトナム人の、あたり前の食事をとどめているようだった。

タップチャンを出発するとき、僕らはドンレーという駅まで切符を買っていた。この街に特別な思いがあるわけではなかった。だいたい、その街になにがあるのかも知らなかった。時刻表を眺め、適当に決めただけだった。

タップチャン駅の駅員は暇そうだった。だいたい、切符を買いにくる人がめったにいないのだ。駅の入口には、切符売り場の営業時間が出ていた。

7：00〜11：00
13：30〜17：30
18：30〜21：00

昼休みは二時間半もあった。僕らはここで、ドンレーまでのハードシートの切符を買った。ひとり二十五万ドン、約千二百五十円だった。駅員の女性は僕らに切符を売ると、待合室のテレビに再び視線を戻した。韓国ドラマがベトナム語に吹き替えられて流れていた。

ドンレーに着いたのは、翌日の午後五時近かった。海岸線を走っていた列車は、ドンハーをすぎると、内陸に方向を変える。ドンレーは、山に囲まれた盆地のなかにある街だった。

駅に着く前、僕らはボックス席の左右に分かれ、車窓の風景に目を凝らしていた。果たしてホテルがあるような街なのかがわからなかった。もし、あまりに寂しいところだったら、確実にホテルのあるビンあたりまで行ってもいいと思っていた。車窓にホテルは見つからなかったが、そこそこ家もある。

「これなら大丈夫でしょ」

しかし駅に着き、翌日の切符を買うところからつまずいた。英語がまったく通じない世界に迷い込んでしまったのだ。

これまで僕らは、旧南ベトナム側のふたつの駅で切符を買った。ベトナムのローカル列車は、車内で欧米人などの外国人をまったく見かけない世界だったが、窓口では普通に僕の英語を理解してくれた。はじめて旧北ベトナム圏に入ったわけだが、これほどまでに違うとは思わなかった。

僕はベトナム国内をくまなく歩いているわけではない。ホーチミンシティ、ハノイ、フエ……といった主だった都市しか知らない。南ベトナムも都市を離れれば英語は通じにくくなるのだろうが、なにかのとっかかりはあるような気がする。数字ぐらいはわかってもらえるようにも思うのだ。しかしドンレー駅の窓口では、その数字の

ドンレーに着いた。この街に宿はあるのだろうか。思案中です

知らない列車が登場したドンレー駅の時刻表。これには困った

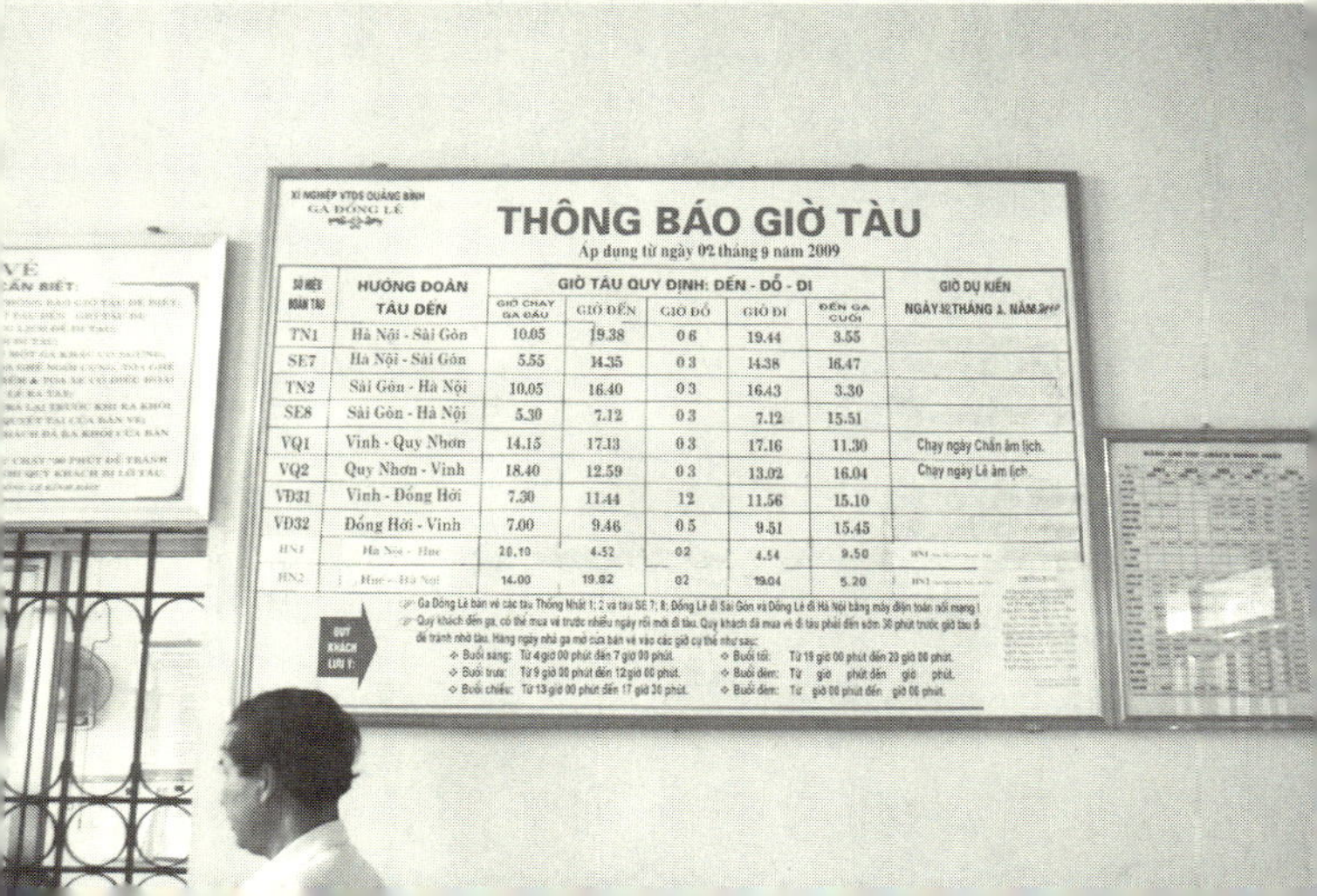

とっかかりもなかった。

僕らを混乱させたのは、壁に揚げられた時刻表に、ビンとクイニョン、ビンとドンホイを結ぶローカル列車が登場したことだ。これまで見てきた時刻にはない列車だった。僕が手にしているのは、ベトナムの南側を管轄する鉄道の時刻表なのかもしれなかった。

この列車に乗ってみたかった。しかしそう伝える言葉がない。やはり本来のハノイ行きにするしかない。列車番号をメモに書き、なんとか切符を買うことはできた。

ふーっ。ひと息ついて駅舎を出た。そこには、ベトナムならどこにでもいるバイクタクシーが待っていた。しかし彼らにもホテルという英語が通じなかった。しかたなく、両手を合わせて頬のところへもっていく。

「わかった、わかった。ほれ、このバイクに乗れ」

といった感じの笑顔をつくるのだが、いくらぐらいのホテルなのかも知らなければ、バイクタクシー代もわからなかった。財布を見せ、指を一本、二本と立てて、バイクタクシー代は二万ドン、約百円ということになった。少し高い気がしたが、ホテルまでの距離がわからないのだから、あまり強気で値切ることもできない。

「まあ、いっか」

とバイクの後部座席にまたがって、ドンレーの街の中心街に入った。やはりぼられていた。駅から歩ける距離の一軒家風の建物の前で降ろされた。しかしその建物に『HOTEL』という文字はない。建物に入ると、入口のところに立っていた女性がカウンターのなかに入った。どうもホテルらしい。表にある看板は、日本でいったら『旅館』といったベトナム語が書いてあるのかもしれなかった。

やはり英語は通じなかった。宿代を訊きたがっていることをわかってくれた女性は、自分の財布のなかから紙幣を出した。これで泊まることができるという意味らしい。それを数えてみる。

「……十四万ドン」

「安い……」

ベッドがふたつ入ったツインひと部屋の値段である。ひとり七万ドン、約三百五十円――。

部屋を見せてもらった。エアコンがあり、ベッドには天蓋付きの蚊帳までついていた。シャワーはお湯が出る。ホーチミンシティとハノイを結ぶ幹線にある街だから、ベトナムのなかではそんなに田舎ではない。しかし外国人旅行者のいない世界に入り込むと、こんなにも安くなってしまうのだ。

ベトナムの一泊目は、ホーチミンシティのゲストハウス街であるデタム通りの宿に泊まった。ここはホーチミンシティのなかでも、安い宿が集まっているエリアなのだが、それでも個室なら二十ドル近くはするところが多い。約千八百円である。ケタが違うのだ。

ホテルの近くでコーヒーを飲んだ。一杯四千ドン。ホーチミンシティでは一万ドンはした。おそらくこれが、ベトナムの地方都市の物価感覚なのだ。彼らがホーチミンシティやハノイといった都会に出ることはとんでもないことだった。ひとケタ違う世界で生きなくてはいけないのだ。

タップチャンでは、海辺のリゾートホテルに泊まった。ベトナムのリゾートといえば、ニャチャンが有名だが、最近は、その周辺に次々とリゾートホテルができているのだという。

「下川さんも、たまにはそういう世界を見たほうがいいんじゃないですか」

ベトナム在住の知人が手配してくれた。一泊五十ドルもした。ビーチに沿ってリゾート風のコテージが建っていた。しっかりと冷房の効いた部屋は快適で、テラスから眺める海が輝いていた。

このリゾートホテルで朝食をとった。海辺に沿ったレストランの席を埋めていたの

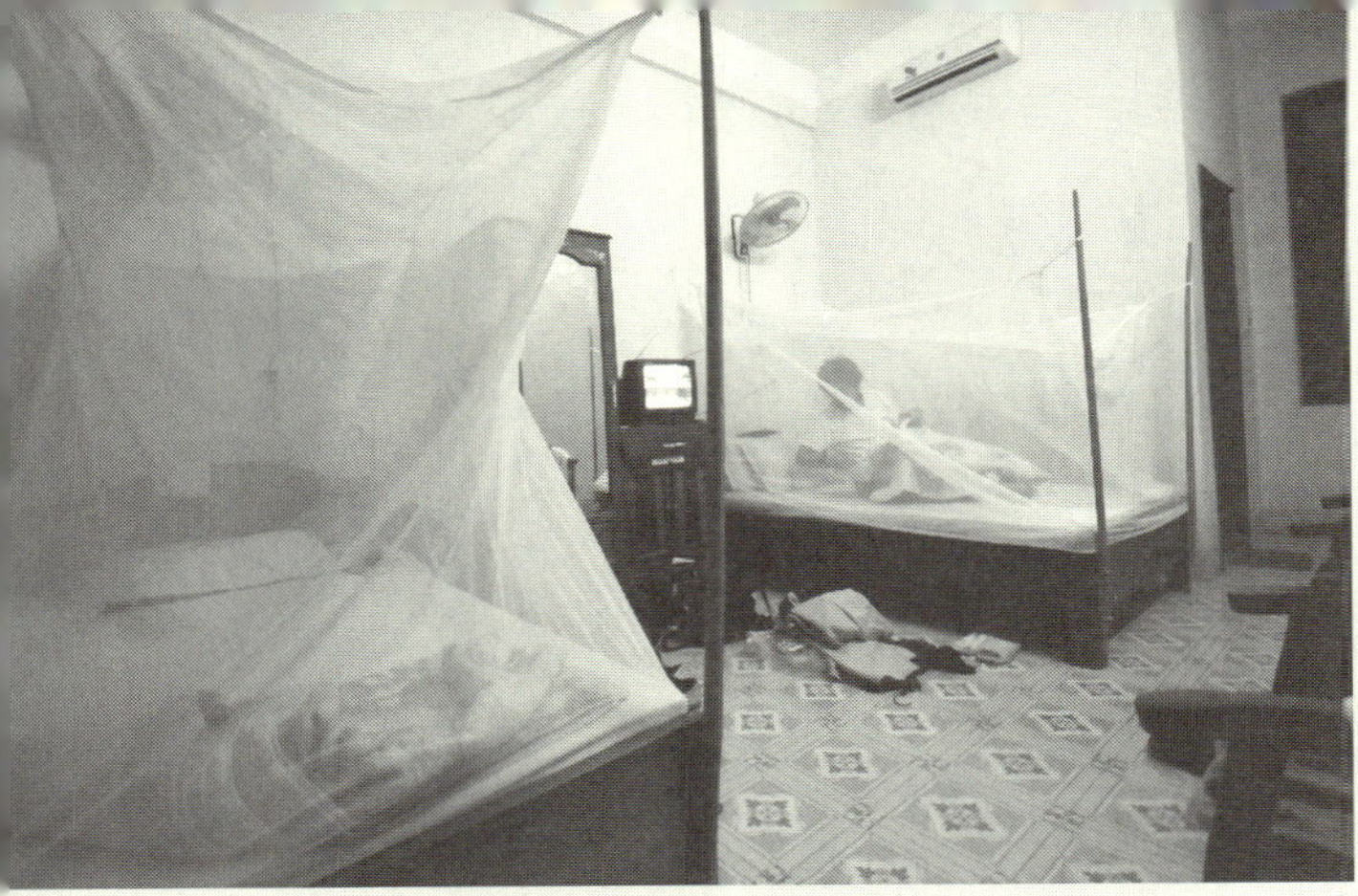

この部屋で１泊ひとり約350円。ベトナムの都市と地方の格差はすごい

ドンレーのレストランの夕食。列車の食事よりさらに安い

はベトナム人ばかりだった。皆、慣れた感じで、バイキング形式の朝食を楽しんでいた。そういえば、僕らのコテージの隣にいたのもベトナム人だった。彼らは列車ではなく、車に乗ってホーチミンシティからやってきていた。

知人が見せたかったのは、リゾートホテルではなかった。一泊五十ドルのリゾートに、平気でやってくるベトナム人たちだった。彼らはベトナムでの勝ち組なのかもしれないが、この国には確実に資本が蓄積し、富裕層が生まれていた。

そしていま、ひと部屋十四万ドン、約七百円というドンレーのホテルにいる。ベッドに張った蚊帳のなかで考えてしまうのだ。一泊四千五百円のリゾートホテルに平気で泊まるベトナム人がいるというのに、ドンレーのホテルは、その六分の一にも達しない料金しかとらないのだ。この格差はなんなのだろう。あまりに露骨な違いに、足許をすくわれそうになってしまうのだ。

翌日、朝七時台の列車に乗った。ホーチミンシティとハノイを三十四時間で結ぶSE8という列車だった。乗り込んだとたん、これまで僕らが乗ってきた列車との格の違いに圧倒された。車内に冷房が効いていたのだ。やってくる車掌の制服まで違った。空調が効いた車内は、こんなにも静かなものかと思った。これまで乗り続けたT

ハノイ行きがやってきた。ベトナム列車の旅もそろそろ終わる

究極の手づくり駅弁。ご飯、おかずのすべてを車内で盛る贅沢

N2という列車は、列車のきしみとかディーゼル気動車の音がいつも聞こえていた。夜になると、水田からカエルの声が聞こえてきた。閉められた窓は、そんな外からの音をすべて遮断してしまう。車内の空気もきれいだった。一日乗ると、髪の毛が重くなるほど汚れる列車とは違うのである。

車内を動いてみると、エアコン車両は前の四両だけで、後ろの三両は窓が開けられた非冷房車だった。ドンレーの駅員の配慮だった。外国人は冷房のない車両になど乗るはずがないと思ったのだろう。ドンレーからハノイまで九時間ほどだったが、運賃は十七万七千ドンもした。日本円にすると九百円ほどなのだが、エアコンのないハードシートの運賃に慣れた身には高く映る。運賃に空調代が加算されているはずだった。

しかし車内はベトナムだった。前日の早朝にホーチミンシティを出発した列車である。椅子の下にはゴザが敷かれ、まだ何人かが寝入っていた。座席は木製のボックス席である。通路を子どもが遊びまわり、近くのおばさんが注意する。ボックス席では、見ず知らずの客同士の話がはずむ。ベトナム列車の車両は、そのなかにベトナムという家族がすっぽり入っているような気になってしまう。

午後三時をまわり、列車はハノイ市内に入ってきた。列車のスピードがさらに落と

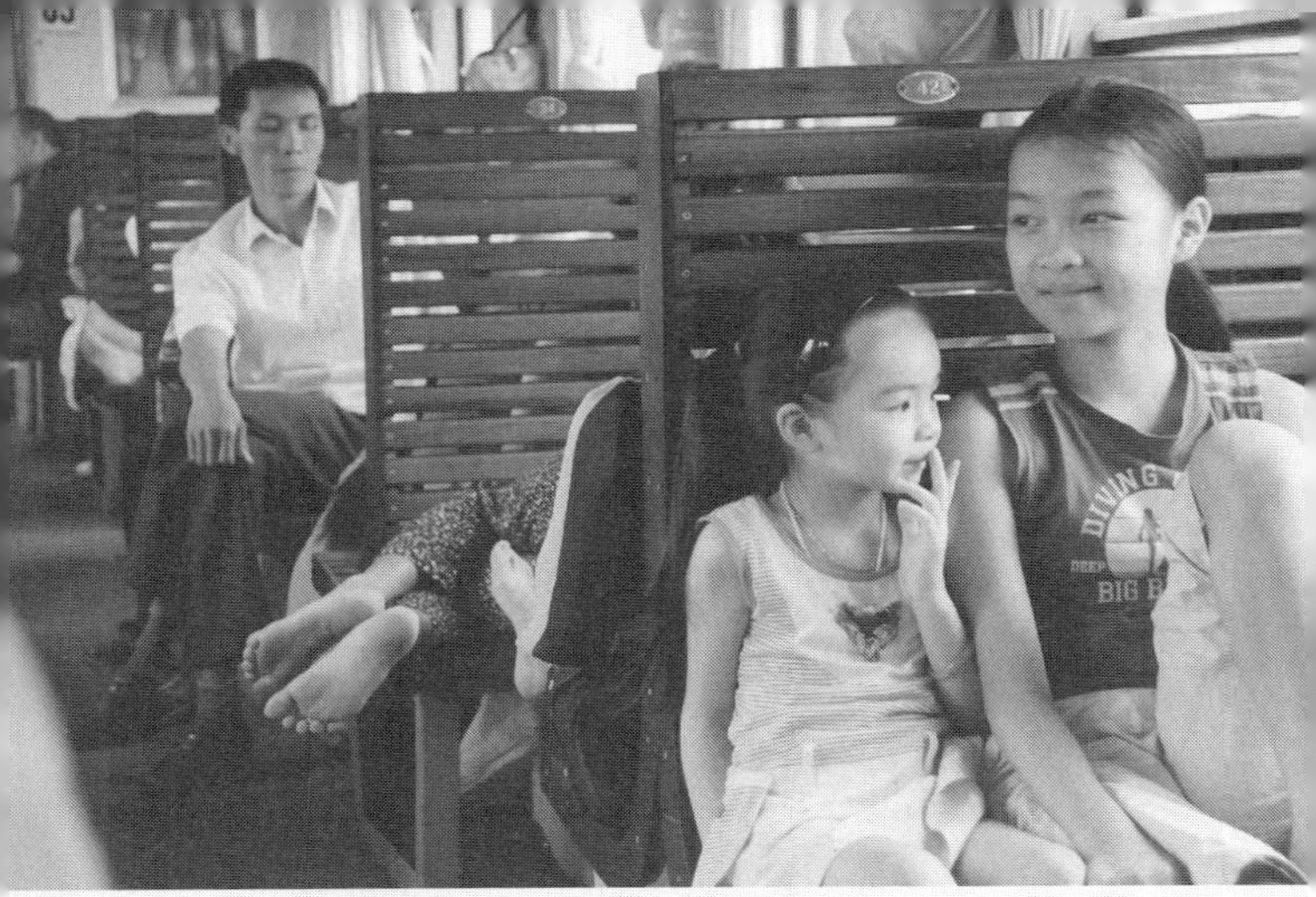

乗客の顔が穏やかだ。理由？　エアコンが効いてますから

旅の終着、ハノイ駅。出迎え客でごった返していた

され、やたら警笛を鳴らしている。なにごとかと窓の外に目をやると、目の前二メートルほどのところに住宅が迫っていた。線路と家の間には、狭い路地があり、家側に身を寄せるようにしてバイクや自転車が列車を避けていた。警笛を鳴らし続けるわけだ。

家の一階では、列車の音などものともせず、フォーをかき込んでいるおじさんがいる。おばあさんは、夕飯の仕たくなのか、ボールに入れた野菜を洗っている。

列車のなかにも、外にも家族がいた。

列車はそのなかを、ゆっくりとハノイ駅に向けて進んでいった。

知りませんでした。ハノイでは井戸端会議ならぬ線路端会議があるんですね

旅のデータ ベトナム ホーチミンシティからハノイへ

●ベトナム国鉄

公式HP（ベトナム語）http://www.vr.com.vn/
（英語）http://www.vr.com.vn/english/index.html

【路線】 ホーチミンシティとハノイを結ぶ南北線が中心。この南北線は統一鉄道とも呼ばれる。そのほかにハノイ〜ドンダン、ハノイ〜ラオカオ、ハノイ〜ハイフォンなどの支線がある。

【時刻表】 ベトナム国鉄の英語サイトでは時刻表は表示されない（2011年1月現在）。ベトナム語サイトで調べることができるようだが、なかなか難しい。僕はベトナム在住の知人に調べてもらった。『SAIGON TRAIN JOINT STOCK COMPANY』という列車の予約を請け負う会社のサイトに時刻表が掲載されているが、すべてが載っているわけではない。ホーチミンシティに着いたら、まず駅に出向き、時刻を確認することがいちばん確実な方法だろう。

【切符の種類と買い方】 寝台（ソフトスリーパーとハードスリーパー）と座席（ソフトシートとハードシート）に分かれる。ソフトが1等、ハードが2等と理解すればいい。エアコン車両の場合は、エアコン代が加算される。

エアコンのみの列車と、エアコンなし車両も連結する列車もある。

僕らはハードシートしか乗らなかった。2等座席で、車内の構造は本文を参照してほしい。このクラスに限れば、当日でも十分に切符を買うことができるという感じだった。座席指定で、それなりに埋まるが、ハードクラスは満席にはならないといったところだろう。

旧南ベトナムエリアや旧北ベトナムの主要駅では、発券窓口で英語が通じる。旧北ベトナムの小さな駅になると英語ではやや苦労する。

■運賃〈2010年6月乗車時データ〉

- ホーチミンシティ――タップチャン …… 83000ドン
- タップチャン――ドンレー …… 250000ドン
- ドンレー――ハノイ …… 177000ドン

ベトナム通貨10000ドン=日本円約50円　**総額約2550円**

第三章

台湾

台湾一周

漢民族の島で出合う日本と先住民

2010年6月取材。1台湾元＝約2.9円換算

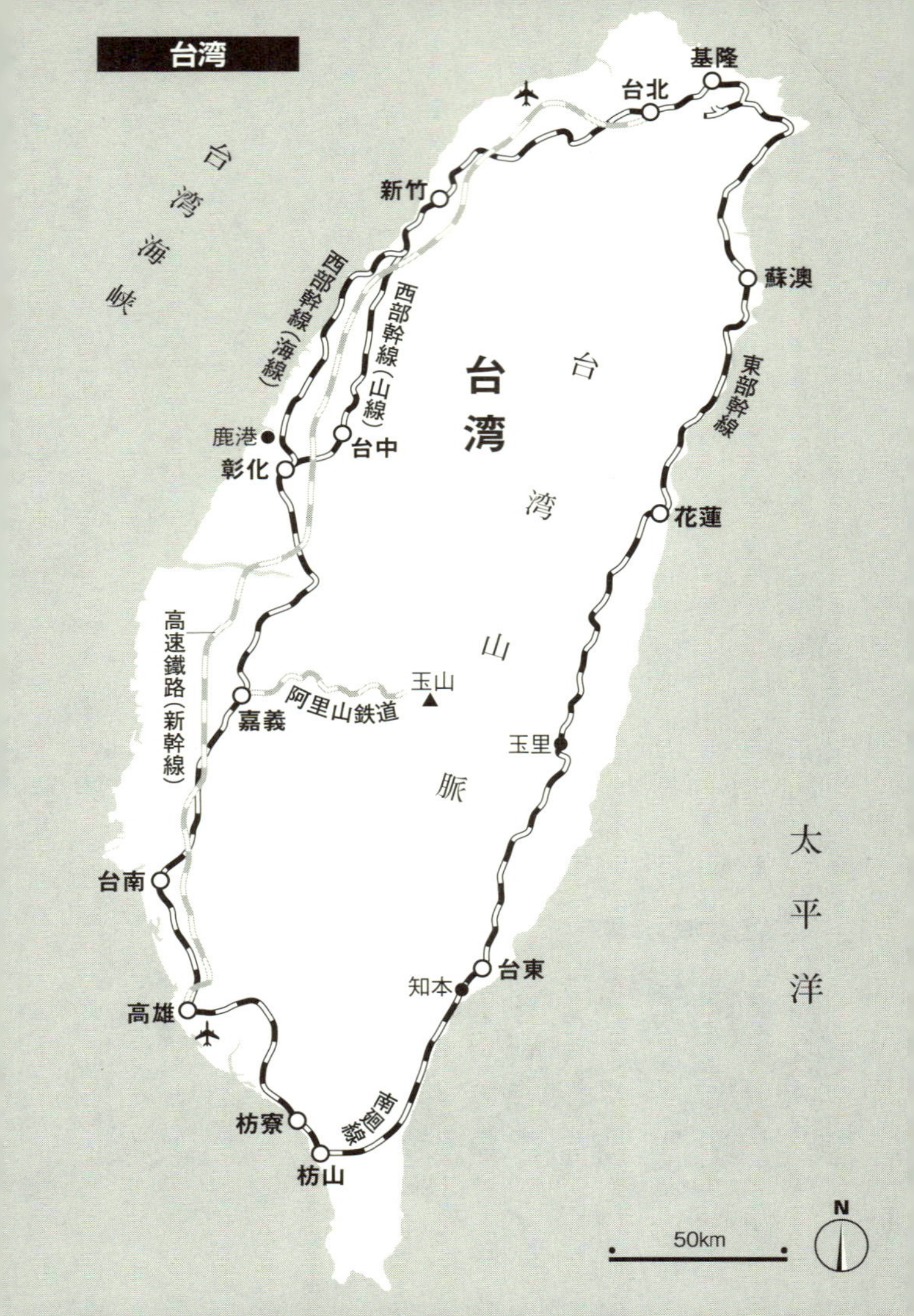
台湾
台湾海峡
基隆
台北
新竹
蘇澳
西部幹線（海線）
西部幹線（山線）
台湾
台湾山脈
東部幹線
鹿港
台中
彰化
花蓮
高速鐵路（新幹線）
玉山
嘉義
阿里山鉄道
玉里
太平洋
台南
台東
知本
高雄
南迴線
枋寮
枋山
50km
N

こういう列車だったのか……。

混みあう車内で、脇に置いたコンビニの袋を見つめていた。この列車に乗る前、僕らは駅構内にあるコンビニで夕飯を買い込んでいた。『国民弁当』、おにぎりを詰めた『握弁当』、ポテトチップス、台湾ビール。それを車内で食べようと思っていたのだ。しかし、この列車のどこで……。

東京からの飛行機は夕方、台湾桃園国際空港に着いた。その足で台北《タイペイ》駅に向かった。駅構内にある台湾の鉄道グッズ専門店で時刻表を手に入れる。出発する前、台湾の鉄道のサイトで、だいたいの時刻を調べていた。それを時刻表で確認し、切符売り場の窓口の前に立った。切符はいとも簡単に買うことができた。

鈍行列車で台湾を一周することにしていた。それほど難しいことではないことは、サイトを見ればわかった。各駅停車がなくなったり、本数が減っていくアジアの鉄道のなかで、台湾には『區間』と表示された各駅停車が、かなりの密度で走っていた。すべての路線を調べたわけではなかったが『區間』を乗り継いでいけば、台湾を一周することができそうだったのだ。

台湾を一周するとき、東まわりにするか、西まわりにするか……で、少し悩む。台北駅を発車する各駅停車を調べると、どちらの方面にもかなりの本数の列車が走っていた。というより、台北駅は、始発駅でも終着駅でもなかったのだ。台北の西に位置する樹林とか東側にある蘇澳《スーアオ》といった駅を発車した列車が、台北に停車するといった感覚だった。

しっかり調べることもなく、僕はなんとなく東まわりのルートを選んだ。花蓮《ホワリエン》、台東《タイドン》からまわりはじめ、台湾の最南端をまわり、北上するかたちで、高雄《カオシュン》、台中《タイジョン》などをまわって台北に戻るルートだった。

その夜、辿り着くことができるのは蘇澳までだった。夜の二十時三十五分に台北を出発し、蘇澳に午前零時十分に着くという列車だった。蘇澳行きに限れば、その日の最終電車だった。運賃は百七十四台湾元。五百円ほどだ。

終点まで約三時間半の列車旅だった。これだけの時間を走る各駅停車である。車両はボックス席だと勝手に思い込んでいた。そこで弁当を食べることにしよう。機内食の昼食を食べただけだから、腹もすいていた。

「この時刻に走るんだから、途中からはきっとがらがらになるに違いない」

対面する椅子に足を伸ばし、台湾の夜景を眺めながら駅弁を食べる——すでに日本では難しくなってしまった鈍行列車の旅を、僕は思い描いていた。

台北駅のホームは地下にある。次にやってくる列車の表示も、日本人は漢字を読め

台湾一周の旅がはじまる。台湾では鈍行は『區間車』という

旅モードの僕らはそっとビール。仕事帰りの皆さんごめんなさい

るから安心である。蘇澳行きの列車は、ライトを点けながらゆっくりとホームに入ってきた。

「……？」

ボックス席ではなかったのだ。山手線のようなロングシートの車両だった。どうしようか……。少し悩んだが、これが最終列車なのだから乗るしかない。

列車は台北駅でしばらく停車した。その間に、次々に乗客が乗り込んできた。皆、仕事帰りだった。それは顔つきを見ればわかる。顔つきに張りがない。若者も多かった。どかっとシートに座ったとたん、目を閉じる人が多かった。やがてシートに空きがなくなり、吊り革につかまるしかなくなる。よほど疲れているのか、その体勢のまま頭を垂れる人もいた。

これは夜の山手線ではないか。こちらは、鈍行列車で台湾一周と意気込んでやってきたのだ。疲れたサラリーマンの顔を眺めにやってきたわけではなかった。

車内で食事ができるか、できないか——。その判断材料のひとつに椅子があると思う。ボックス席は食事ができて、ロングシートはできない——。そんな不文律があるような気がする。もっとも山手線などでは、パンやおにぎりを食べる人をときどき見かける。僕も何回かやったことがあるが、やはり周囲の視線が気になった。海外のロングシート型の車両には、喫煙や食事を禁止するシールが貼られていることがよくある。そんな国では飲み物も禁止していた。台湾はどうなのだろうか……。

いや、そういうことではなかった。仕事帰りのサラリーマンの前で、ビールをプシューと開けたり、弁当のおかずに箸をのばすことなどとてもできそうもなかった。『區間』とはそういうことだった。たしかに各駅停車だが、それは通勤、通学列車を意味するようだった。台湾の鉄道は、そんな列車を三時間以上先の目的地まで走らせてしまうのである。

しかし夜の八時半すぎに台北を発つ列車である。八堵、瑞芳といった駅でかなりの人が降りていった。一時間もたつとシートに空きが目立つようになってきた。僕らは牡丹という駅をすぎたあたりで、周囲を気にしながらビールの栓を開けた。

翌日、蘇澳から蘇澳新《スーアオシン》に出た。そこから花蓮までやはり『區間』に乗った。宜蘭《イーラン》と花蓮を結ぶ列車だった。宜蘭は蘇澳新の少し手前の駅だから、台北への通勤、通学に使われる列車ではなかった。台湾の東海岸をとことこと走る列車である。今度こそボックス型の車両だろうとホームで待ったのだが、やってきたのは、またしてもロングシートの車両だった。台湾では、こんなところまでロングシートの列車を走らせてしまうのである。

列車はすいていた。僕らの乗った車両には、十数人の客しかいなかった。そのなかに台湾の〝鉄子〟なのかと勘ぐってしまうような女性もいた。眼鏡をかけた三十歳前後の女性だった。僕らと同じように時刻表を持ち、しばしばノートにメモをとっている。車内の椅子や吊り革の写真も撮っていた。

蘇澳新駅からは長いトンネルが続いた。五キロほどのトンネルを抜けると無人駅のような寂しい駅があり、そこをすぎるとまたトンネルに入るような山がちな地形だった。トンネルを抜けるたびに、深い緑が目を射る。しばらくそんな山がちな地形のなかを進むと、和平《ホーピン》駅をすぎたあたりで、突然、海に出た。鉄子らしい女性は座席を立って海に向かって一眼レフのデジタルカメラを向ける。近くにいた若者たちも、海をバックに携帯のカメラで写真を撮っている。

鈍行列車の世界だった。そこには昨夜、台北駅から乗った列車のような仕事の匂いがしない。しかし車両はロングシートなのである。これはどういうことなのだろうか。

僕らがようやくボックス席型の列車に出合えたのは、その日の夕方。花蓮から台東に向かう列車に乗り込んだときからだった。

鈍行だがロングシート。体をひねって車窓を見る不便

彼女は台湾の“鉄子”なのかなぁ（蘇澳―花蓮）

日本――。東海岸を進みながら、日本の存在を感じとっていた。それは影のように、東海岸を走る列車や街に寄り添っているようでもあった。

蘇澳にはかつて琉球町があった。第二次大戦前の日本統治時代、台湾の港といえば、台北に近い基隆《キールン》、南の高雄、そしてこの蘇澳だったといわれる。基隆と高雄には、大阪商船をはじめとする大型貨物船がしばしば入港していた。それに対して蘇澳は中型船や漁船の基地だった。

その話を聞いたのは沖縄の与那国島だった。戦前に与那国島の漁師たちにとって、獲った魚を水揚げする港は蘇澳だったという。当時の漁船でも四時間ほどの距離だった。那覇よりも、はるかに近かったのである。

終戦直後、台湾と日本の間で密貿易が盛んに行われた時期があった。戦災に遭い、食糧が不足する日本に比べ、台湾はそれほどの被害はなかった。その台湾から砂糖や米、ストレプトマイシンなどの薬を密輸という形で、日本に運んだのである。この密貿易を担ったのが沖縄の人々だった。密輸といっても貿易だから、砂糖や薬を買いつける資金がいる。しかし終戦直後の日本本土では、その調達が難しかった。そこで目をつけたのは、沖縄本島を中心とした激しい地上戦で撃ち込まれた弾薬の鉄だった。

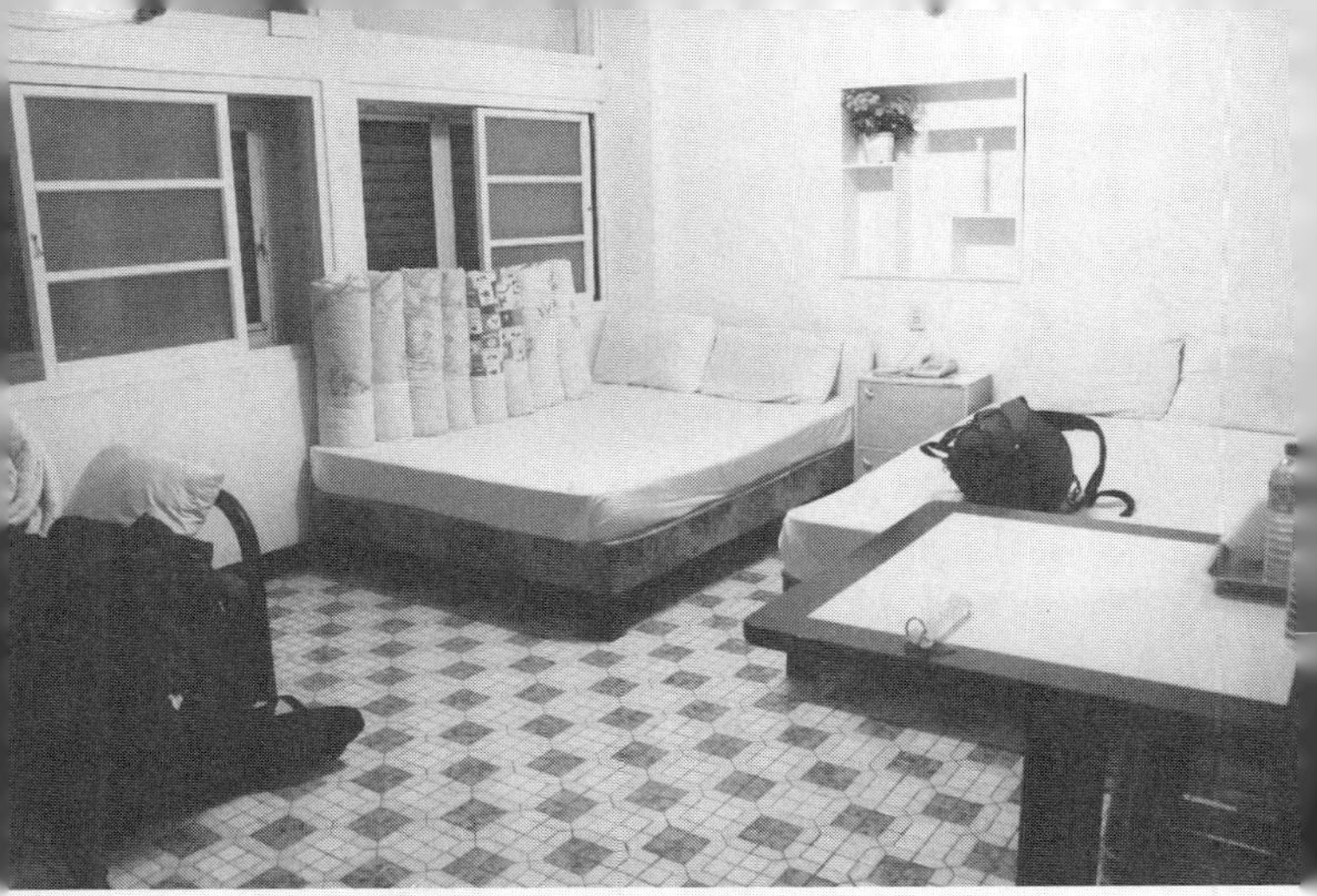

蘇澳の安宿。鈍行の旅には、こういう宿が似合う？

蘇澳の港。かつてはここに琉球町があったはずなのだが……

それを台湾に運び、台湾から物資を運びだしたのだ。台湾側の積みだし港のなかで、中心的な役割を担ったのが蘇澳港だった。ここにあった琉球町に台湾から物資が集まり、密かに海を渡った。日本側の最初の中継基地が与那国島だった。そこから沖縄本島にそして大阪へと物資が運ばれていったのだ。

一度、蘇澳の港で、当時の面影を探したことがあった。街は港を囲むような斜面に広がっていたが、その路地に、沖縄には必ずある石敢當《いしがんとう》と書かれた壁や碑があるのではないかと思ったのだ。しかしいまの蘇澳には、琉球町の痕跡はなにひとつなかった。

この密輸が盛んだった時期は長くない。理由は、沖縄から台湾に届く物資のなかに、アメリカ軍の基地から盗みだされた武器が含まれるようになったからだ。当時の台湾には、中国国民党だけでなく、共産党のスパイも入り込んでいた。アメリカ軍は、中国共産党と対峙していたわけだから、そこに武器が流れていくことは防がなければいけないことだった。アメリカ軍は、それまで大目に見ていた密輸を一斉に取り締まりはじめる。それを恐れた蘇澳の人々は、琉球を跡形もなく消したのだといわれている。

同じことが与那国島でも起きた。当時、密輸にかかわる台湾人がこの島に多くいたといわれる。しかし彼らも、そして密輸の歴史もみごとに消されていってしまった。いまの与那国島には台湾の匂いはなにひとつない。

蘇澳に深夜についた僕は、翌朝、港まで行ってみた。以前、沖縄の面影を追って、この街にやってきたときとなにひとつ変わりはなかった。港には漁船が停泊しているだけだった。その周りでは、水槽やたらいに入れられた魚や貝が売られていた。

花蓮でも日本に出合った。かつての花蓮駅は、いまの駅より東側にあった。その跡地が鉄道テーマパークのようになっていた。

台湾を植民地統治していた日本は、花蓮港から璞石閣《ポシコ》(現・玉里《ユーリー》)まで鉄道を敷く計画を立てる。そして鉄道部花蓮出張所をつくった。そこにあった工務所や給水塔などが復元されていたのだ。花蓮出張所という名前からは、どこか鉄道建設のために設計士や技師が詰める事務所を想像してしまうが、実はひとつの鉄道局のような存在だったらしい。この鉄道建設は日本の国会で承認され、予算が日本から直接送られる国家事業だった。中国の南満州鉄道が、単に鉄道の運営だけでなく、街づくりやインフラの整備を担っていたことによく似ている。花蓮出張所は、ゴシック風の尖塔まである立派な庁舎だった。

璞石閣までの約八十七キロの鉄道は、一九四三年に完成した。線路の幅が狭い軽便鉄道だったが、この鉄道が東部路線の基礎になっていった。復元された工務所の横に、鉄道文化館があった。そこに入ると、職員が気を遣って日本語のビデオをセットしてくれた。それは花蓮を中心にした鉄道建設の歴史が編集されていた。建設のために多くの台湾人が駆りだされ、そのなかには事故の犠牲になった人もいた。日本の植民地支配への批判も込められていた。

賠償を含めた日本への反発は、中国や韓国がいつも口火を切る。その行動はときに先鋭化していく。それに比べると、台湾のトーンはおとなしい。台湾人が犠牲になる一方で、日本は東部鉄道などのインフラを残したという一面があるからだといわれる。台湾と日本の関係の縮図が、この鉄道でもあったのだ。

日本が敷いた鉄道は、やがて線路幅の広い現在の線路に替えられた。そこを走る列車に乗って、僕らは台東まで向かうことになる。

台湾を一周するとき、この花蓮から台東、そして台東から台湾鉄道の最南端に近い枋寮《ファンリャオ》までがネックになる。台北と台東を結ぶ莒光号や自強号という日本の特急や急行に相当する列車はそこそこあるのだが、ローカル列車に絞ると極端に本数が少なくなる。というより、花蓮と枋寮の間には、各駅停車はすでになくなっていた。走っているのは普快という快速列車だけだった。しかしこの普快の列車も少なく、花蓮と台

花蓮名物のマンボウ。港に面した『游師父』という食堂で

花蓮駅前広場。左手には昔の機関車が展示されている

東を結ぶ列車は一日に一本しかなかった。台湾の鉄道のなかの辺境エリアだったのだ。

その限られた列車に乗るしかなかった。花蓮発が夕方の十七時三十八分という列車だった。ホームに行くと、すでに列車は入線していた。車両に掲げられる行き先表示も手書きという寂しさだった。

しかし車両はボックス席だった。正確にいうと、日本の特急のように、通路を挟んで二席ずつが並ぶのだが、それを回転させると、ボックス席のようになるスタイルだった。それがわかったのは、すでに学校帰りの高校生たちが乗り込んでいて、彼らが椅子を回転させて座っていたからだった。十七時三十八分というのは、学生たちの帰宅に合わせたスケジュールのようだった。

僕らも学生に倣って、椅子をボックス型にした。台東まで三時間。ようやく鈍行列車の趣である。

この列車で、もうひとつの台湾に出合った。

席を埋める学生たちの顔つきが違ったのだ。

その多くが、肌が浅黒く、目はクリッとしていた。フィリピンやインドネシアで会う若者によく似ていた。彼らが台湾語を口にするのが不思議な感じすらした。

行き先表示も手書きになった。ローカルエリアの入り口です

やっとボックス席に出合えた。ここまできてやっと

台湾では原住民といわれる先住民の子どもたちだった。

台湾という島に元々住んでいた民族は、フィリピンやインドネシア、マレーシアに住む人々に似ていた。かつては、南方から台湾に渡ってきた民族とされていたが、むしろその方向は逆という説が出てきている。元々台湾周辺に住んでいた人々が、フィリピン、インドネシア、マレー半島に南下していったというのだ。どちらにせよ、いまの台湾に多い漢民族とはまったく違う民族が台湾には住んでいた。ところが中国の明代から清代にかけ、大陸から台湾への移民が盛んになる。とくに清の時代、満州系の政権の支配を嫌った人々が、次々に台湾海峡を渡ってくるのだ。彼らは台湾の西海岸に着き、そこで暮らしはじめる。

台湾に元々暮らしていた民族もいくつか種族があった。平地で暮らしていた人々は、漢民族との混血が進み、いまではほとんど区別ができなくなっている。しかし山岳地帯に住んでいたアミ族やタイヤル族は、漢民族との融合は進まなかった。むしろ対峙する関係で、何回か衝突も起きた。やがて台湾は日本に支配されるが、日本軍の懐柔策に応じない人々もいた。台湾に移り住んだ日本人が襲われる事件も起きた。

台北に滞在していると、台湾は漢民族の島というイメージを強くする。しかし先住民は数こそ少ないが、台湾を形づくるひとつの民族である。

沿線には無人駅がいくつもある。落書きで埋まった駅舎も多い

先住民の顔立ちの女子学生。台湾のイメージ、変わるでしょ？

帰宅列車は地元の学生たちの解放区のようだった（花蓮ー台東）

露骨な差別があるわけではない。しかし話す言葉や習慣が違う。音楽的な才能を見いだされ、ミュージシャンとして活躍する人もいるが、たとえば公用語である漢字の読み書き能力は劣り、大学へ進むのも難しいという。大学によっては、入学試験の点数にゲタをはかせるという話も聞いたことがある。いくら差別がないといっても、やはり溝があるのだった。

台北から東海岸を南下していくと、彼らの多くは、花蓮から南のエリアに暮らしていたことを知らされる。僕はこの列車で先住民の世界に出合った。

台湾を一周するという列車のタイムテーブルを見ても、走る列車の本数が最も少ないエリアである。台湾のなかの田舎でもあるのだ。彼らが多く住むからこういうことになったのか、元々不便な土地に彼らが追いやられてしまったのか……。日が暮れ、しだいに色を失う風景を眺めながら、考え込んでしまうのだった。

ジャージ姿の高校生たちの笑顔には屈託がない。不良グループが集まるボックスからはタバコの煙がたち昇っていく。高校を卒業したら台北に出るのだろうか。そこには厳しい台湾社会の現実が横たわっている。

花蓮からは単線になった。待ち合わせで停車し、速い自強号に追い抜かれていく。無人駅も多い。そこでは車掌が降りて切符を受けとっていく。ときどき廃駅の寂しい姿が車窓を横切っていく。

一時間半ほど走った光復《コワンフー》駅で、四両を切り離し、三両だけの列車になった。高校生たちもほとんどが降り、乗客も数えるほどになった。あたりは闇に包まれ、夜汽車の趣が車内に漂いはじめた。

玉里から酒に酔った先住民の男たちが三人乗り込んできた。席に座ると、鞄のなかに入っていた酒をまわしはじめた。そしてひとりが歌をうたいはじめた。そのメロディーは、台北で耳にするものとは違う。どこか哀調を帯びた曲は、インドネシアの村を思いださせる。

ここは台湾じゃない……。

不思議な空間だった。

彼らも富里《フーリー》の駅で降りてしまった。再び包まれた静寂のなかを、列車は南へ、南へと進んでいく。


雨の朝だった。

台東に一泊した。朝六時二十二分に発つ枋寮行きに乗った。車両はボックス席だった。知本《ジーベン》駅をすぎ、列車は海岸沿いを走っていく。東には太平洋が広がり、西側には切り立った崖が続く険しい地形になった。金崙《ジンルン》駅をすぎると、沿線から平地が完全に消えた。トンネルと崖を切り開いた線路が繰り返し現れる。突然、ひとつの川が姿を見せたが、そこにかかる橋は川岸のところから壊れていた。水害の爪痕だった。朝からの雨で、川の水はすでに濁り、勢いを増していた。少しの雨でも一気に水量が増える急流だった。

深い山のなかの小さな駅が続く。乗り降りする人もまったくいない。駅の周辺にも人家はなにもない。駅を出るとまたトンネルに入る。

いくつ目のトンネルを越えたときだろうか。突然、マンゴーの畑が目に飛び込んできた。

なにかが変わった。

人が住んでいるという安堵の思いもあったのかもしれない。あたりを包む空気も、どこかやわらかい気がする。雨足も弱くなっていた。山々の稜線も急になだらかになっていた。東側から西側へ。僕らは東海岸と西海岸を分けるトンネルを越えたようだった。間もなく、枋山《ファンシャン》という駅に着いた。降りる客も、乗り込んでくる客もいなかったが、ここが台湾の鉄道の最南端駅である。この列車の終点、枋寮駅は、そこから三つ目だった。

トンネルをいくつも越えた。マンゴーの畑が広がりはじめた

台湾鉄道の南端、枋山駅。乗降客はほとんどいない寂しい駅だ

「なにかが違う……」

僕は枋寮から高雄に向かう車内で、再び呟いていた。この区間には『區間』と区別された各駅停車が走っていた。ホームに立つ僕らの前に現れたのは、莒光号や自強号のような特急型の車両だった。座席は二列ごとに進行方向に向かうタイプだ。各駅停車に、こういう車両が使われていた。車内に乗り込むと、襟元をおさえたくなるほど冷房が効いていた。

いや、そういう車両の違いではなかった。枋寮の町を少し歩いた。五分も進むと港に出てしまう町だったが、そこに溢れる色彩が気になった。東海岸に比べると、赤や黄といった原色が急に増えた気がする。

町を歩く人々や車の密度だろうか。コンビニがあり、屋台からは白い湯気がたち、その前に人が群がっている。道を埋める車は急に増え、そのなかに『国光』という台北市内も走るバスを目撃した。

なんだか町が華やいでいた。

空も広い。

車窓の風景も違った。中国風の立派な屋根の家々が目立つ。色鮮やかな商店の幟《のぼり》が風に揺れている。あれはエビの養殖場だろうか。給水機から勢いよく水が噴きだし

枋寮駅に着いた。東海岸を走ったローカル列車の終点である

枋寮駅を降りると、その先に海。房総の港町ってところですかね

ている。

乗客も変わった。日曜日だった。屏東《ピンドン》や高雄に遊びに行くのか、次々に若者が乗り込んでくる。肌の白いのっぺりした漢族の顔ばかりだ。枋寮から乗った先住民の若い女性が気になってしかたなかった。浅黒い肌が周囲から浮きたち、どこかその周りだけ東南アジアの空気が漂っているような気になった。

山側に視線を移すと、あれだけ目前に迫っていた山がかすみはじめていた。山が遠のき、その間に広がる平地に家々が点在する。確実に平地が広がってきていた。東海岸を列車で走っていたとき、圧倒される緑に、ときに息が詰まりそうになった。緑が重いのだ。それに比べると、西海岸の風景は、明るくて軽い。それだけ西海岸の緑は少ないということなのかもしれないのだが……。

列車は二時間ほどで高雄に着いた。駅舎を出ると、目の前にそびえるビル群に圧倒された。都会に出てしまった。

若い頃、よく北アルプスに登った。山行の最後の一日は、ひたすら山を下ることが多い。ぐっしょりと汗をかき、笑う膝をいたわりながら、小休止をとる。水を飲み、深呼吸をすると、樹林帯の木々が発する匂いが鼻孔をついた。濃い緑に呑み込まれそうだった。山を下るにつれ、気温はあがり、木々が発するエネルギーが薄れていく。

高雄行きに乗った。顔を見れば、もう漢民族の世界だとわかる

水害の爪あとが唐突に現れた。台湾では線路の維持に費用がかかる

バスに乗り、大糸線の信濃大町駅に着くと、そこを歩く人の多さや、商店街の賑わいに圧倒された。汗臭い体が恥ずかしかった。

山を下った——。

僕らは山に登ったわけでもなく、東海岸を走るローカル列車に揺られただけなのに、山行が終わって街に出たような気分だった。信濃大町に比べれば、高雄はとんでもない都会である。その格差についていけなかったからかもしれない。

しかし台北までは、それなりの距離が残っていた。高速鐵路と呼ばれる新幹線に乗れば一時間四十分ほどで着いてしまうのだが、僕らは鈍行列車なのである。そう簡単には着かないのだ。

高雄から北に向かう『區間』もかなりあった。一時間に一、二本の割合である。僕らはとりあえず嘉義までの切符を買った。ふと見ると、赤い提灯のさがった売店があった。駅弁だった。これから乗る列車はちょうど昼どきになる。僕らは並んだ弁当のなかから、『鐵路弁當』と『台鐵弁當』を選んだ。

台湾を歩いていると、ときどき怖いぐらいに日本によく似たシーンに出くわすことがある。鉄道でいえば、駅のつくりや改札のスタイルは日本そっくりだ。受けとる切符は、日本と同じサイズで、薄いダンボールのような紙製。そう、しばらく前まで、

高雄駅に着いた。ここから西海岸を一気に北上していく

高雄駅で買った鐵路便當と台鐵便當。約300円の列車旅気分だ

日本でも使われていた切符にそっくりなのだ。懐かしくて、ついその肌触りを楽しんでしまう切符なのである。日本統治時代からのスタイルと聞かされれば、無邪気に喜べなくもなるが、そこにはしっかりと日本が存在している。駅弁もそうだった。箱型駅弁を売っているのは、日本と台湾だけのような気がする。ほかの国は発泡スチロールや薄いプラスチックの容器が主流だ。

僕らは弁当を手に、高雄のホームに立った。やがて列車が入線し、その車内が見えたとき、ついカメラマンの中田氏と顔を見合わせてしまった。

またしてもロングシートだったのだ。

台北駅で列車に乗り込んだときと、同じことになってしまった。僕らが乗ろうとしていたのは、屏東を出発して嘉義《ジャーイー》まで行く列車だった。二時間半以上も走るのだ。その路線が、すでにロングシートだった。屋根の上を見ると、パンタグラフもあった。電車なのだ。東海岸のディーゼル気動車の世界からやってくると、どこか物怖じもしてしまう。この列車のなかで、弁当など開けるのだろうか。

乗り込んだ列車は混みあっていて、シートに座ることもできなかった。弁当を開くどころではなかった。しかし僕らは少し幸運だった。日曜日だったのだ。台北駅で乗り込んだときのような仕事の匂いが漂ってこなかった。友だちや家族連れが多く、ア

高雄駅のベンチは
線路の枕木を使っ
ていた

高雄から乗った列車はまたしてもロングシート。車窓は立って見る

メを食べたりジュースを飲んだりしている子どももいた。なんとなく、弁当を食べてもいい空気なのだ。新左営駅でかなりの人が降り、僕らはシートに座ることができた。そして鐵路弁當のふたを開ける。またしてもロングシートで弁当である。いったいどういう日本人なのだろうか。

嘉義で乗り換え、彰化《ジャンファー》まで向かうことにした。実は一軒、泊まってみたい宿があった。鹿港《ルーガン》という街にある和平旅館だった。二年ほど前、鹿港を訪ねたことがあった。台北に戻るバスからこの宿の看板が目に止まった。

上海の和平飯店を思いだしていた。バーで演奏される上海ジャズが有名なレトロなホテルだった。鹿港は古い街である。ひょっとしたらこの宿は、その歴史が伝わってくるような味わい深い宿なのかもしれなかった。

鹿港へは彰化駅前からバスで向かう。五十分ほどの距離である。記憶を頼りに街を歩き、和平旅館をみつけた。扉を開けてみた。バイクが置かれたスペースがあり、その奥に祭壇があった。ロウソクが灯り、線香の匂いが漂ってくる。

「ここが宿だろうか……」

進むと祭壇脇にカウンターがあり、その奥からおばさんがぬっと顔を出した。左手にカップヌードルの器を持ち、右手で箸を握っている。

鹿港市内に残る九曲巷。カップルの撮影ポイントです

鹿港隘門。ぼんやり歩いていると通りすぎちゃうほど街に溶け込んでいる

「これはダメだ」

一瞬で理解した。僕が望んでいたレトロホテルではなく、連れ込みを兼ねたような安宿にすぎなかった。観光案内所では、和平旅館は鹿港でも古いホテルと説明してくれた。そのときは期待がふくらんだが、入ってみると古いだけの宿だった。ふたりひと部屋で一泊千元。値切れば八百元ぐらいになりそうだった。

元々、宿への許容範囲は広いほうだから、泊まるということではなんの問題もなかったのだが……。

鹿港の歴史は、明、清時代に遡っていく。前述したように、この時代、多くの漢族が台湾海峡を渡ってきた。彼らはこの鹿港をはじめとする港に着き、その周辺に住みついていった。その街並みがいまでも残っていた。鹿港古蹟保存区には、当時の建物が残され、市内にも、入り組んだ路地が続く九曲巷や、街を守るためにつくられた鹿港隘門などが残っていた。鹿港は台湾人の間でも人気の観光地で、古蹟保存区には土産物屋が並び、歩くのも大変なほど混みあってもいた。しかし、そんな雑踏から、少し離れると、どこにでもある台湾風の建物が続く。一軒の漢方薬局に入ると、その創業が清の時代だったりする街だった。

台湾らしい台湾……。それが鹿港なのかもしれない。市内の天后宮の周りには、名

鹿港の街並みは古い。清の時代が漂ってくるという

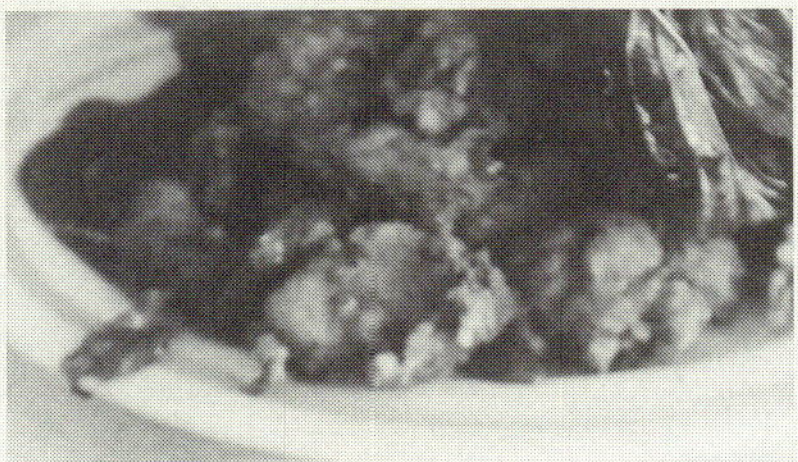

鹿港名物はシャコフライ。呼び込みは日本語でした。台湾ですねぇ

物のシャコ専門店が並ぶ。そのテーブルに座った。台湾ビールにシャコのフライ。口に運びながら、僕はまた、東海岸の風景や先住民の高校生たちの顔を思いだしていた。いかにも台湾らしい鹿港の街だが、ここは、大陸から移り住んだ漢族の街なのだ。彼らはやがて、本省人《ほんしょうじん》と呼ばれるようになる。台湾に昔から住む人々とされ、太平洋戦争の後にやってきた中国国民党系の外省人《がいしょうじん》との対立の構図ができあがっていく。それはいまでも、台湾の政治を左右する対抗軸でもある。

しかしそれは、この島に移り住んだ漢族の世界の話なのだ。東海岸には、そんな問題とは無縁の、だからこそ台湾社会にはなかなか入り込むことができない先住民がいた。

西海岸の街はどれも台湾人の街だった。もっと正確にいうと、台湾に移住した漢族の街だった。

彰化から台北までも『區間』だった。もうはじめからボックス席など望んでもいなかった。新竹のまわりには工場地帯も広がっている。しだいに台北の経済圏に入り込んでいく路線だったからだ。彰化から新竹《シンチュー》に出て、そこから台北までの切符を買った。平地はますます広くなり、新竹からは家やビルも途切れなくなった。新竹駅の注

ロングシートの列車ですが、トイレがついている（彰化—新竹）

ベトナム語とタイ語の注意書き。新竹は外国人労働者の街

意書きには、ベトナム語やタイ語も書かれている。台湾は東南アジア諸国の人々への労働ビザをかなり発行している。老人の介護お手伝いさんは、インドネシアやフィリピンからの出稼ぎ女性が多い。工場や建設現場では、東南アジアの男性をよく見かける。工場が集まる新竹周辺に住む東南アジア人は多いのだろう。

台湾に働きにやってくるインドネシア人やフィリピン人と先住民……。そのルーツを辿ると同じ民族に行きつくというのはなんだか悲しい現実でもある。しかし彼らの間に、接点はない。いや、台湾に出稼ぎにくる東南アジア人の多くは、先住民の存在など知らないのかもしれない。雇い主は台湾人という漢人で、頭には稼いで本国に持ち帰る金のことしかないのだろう。歴史のなかで埋もれていく、民族の歴史というものもあるらしい。

台北に向かう人が次に乗り込んでくる。車内からは都会の匂いがする。都会の電車である。板橋駅から列車は地下に潜った。台湾一周のローカル列車旅がもうじき終わる。

台湾一周、最後の列車。弁当を食べる雰囲気じゃない（新竹一台北）

台北駅のホームは地下。地上へ出て、台湾一周記念の１枚

旅のデータ 台湾 台湾一周

●台湾鉄路管理局

公式 HP（英語）http://www.railway.gov.tw/en/index/index.aspx

【路線】 西側を走る西部幹線、東側を走る東部幹線、南をまわる南廻線（南廻鐵路）を使うと台湾一周ができる。ほかに平渓線、集集線などの支線がある。西側には台湾の新幹線にあたる高速鐵路も走っている。

【時刻表】 台湾の鉄道の公式サイトで調べることはできる。しかしあるのは中国語と英語。日本人にはちょっと面倒だ。というのも、英語で調べる場合、まず駅名の英語表示を調べないと検索できないからだ。僕は台北駅の売店で『旅行台灣護照』という時刻表を買った。20元だった。これを読むのががいちばんスムーズだと思う。ただしこの時刻表は、ときどき品切れになるので注意してほしい。

【切符の種類と買い方】 台湾の鉄道のホームページで予約ができる。新幹線の高速鐵路は、その公式ホームページ（日本語サイト http://www.thsrc.com.tw/jp/）で予約・購入もできる。しかし台湾の鉄道は本数も多く、当日でもまず駅窓口で買うことができると思っていい。日本で予約する必要はない気がする。特急や急行にあたる自強号、莒光号は曜日や時間帯によって、満席になることもあるというが、各駅停車（鈍行列車、台湾では區間という）はまったく問題ない。座席指定もないので、簡単に買うことができる。

　切符を買うときも、『旅行台灣護照』という時刻表が威力を発揮する。乗りたい列車を指差して買うことができる。多くの駅で英語を使って買うこともできるが、駅名の発音がちょっとやっかい。むしろ漢字の筆談のほうが間違いがない。

■運賃〈2010年6月乗車時データ〉

- 台北——蘇澳 …………… 174元
- 蘇澳——花蓮 …………… 122元
- 花蓮——台東 …………… 162元
- 台東——枋寮 …………… 105元
- 枋寮——高雄 …………… 91元
- 高雄——嘉義 …………… 158元
- 嘉義——彰化 …………… 119元
- 彰化——新竹 …………… 154元
- 新竹——台北（海線）……… 116元

台湾通貨1台湾元=日本円約2.9円　**総額約3480円**

第四章 韓国

釜山からソウルへ

早起きと夜更かしの列車旅

2010年１月取材。1000ウォン＝約80円換算

朝鮮民主主義人民共和国
韓国
日本海
江陵（カンヌン）
漢江
金浦
（キンポ）
ソウル
仁川
（インチョン）
水原（スウォン）
京釜線
大韓民国
天安（チョナン）
栄州（ヨンジュ）
大田（テジョン）
KTX（新幹線）
浦項
（ポハン）
長項
（チャンハン）
東大邱
（トンテグ）
倭館
（ウェグワン）
大邱
（テグ）
黄海
KTX（新幹線）
湖南線
蔚山
（ウルサン）
晋州
（チンジュ）
光州
（クワンジュ）
昌原
（チャンウォン）
釜山
（プサン）
木浦（モクポ）
麗水（ヨス）
対馬海峡
N
100km

暗く、冬ざれた風景に目を凝らしていた。

時刻は夜の九時半をまわっている。東大邱《トンテグ》の駅を離れると、人家もまばらになってきた。車窓に映る街灯も寂しげだ。

「どの駅で降りようか……」

このまま列車に乗っていれば、大田《テジョン》に着くのは、夜の十一時半を超えてしまう。さすがに遅い。腹も減ってきた。

駅に停車するたびに、その周辺の様子を眺めてきた。おぼろげだが、韓国の地方都市の構造がわかってくる。駅に近づき、列車がスピードを落とす。そのとき、郊外団地のような建物が見えると、それなりの規模の街なのだ。駅周辺のネオンがそう教えてくれる。しかし、人影もまばらな街に、列車が音もなく停まることもある。僕が乗っているのは、ほぼ各駅に停まる列車だから、いつも車窓に目を向けていないと、降りる駅を決めることができないのだ。

列車がスピードを落とした。果たして団地のような建物が見えてきた。

「ここにするか」

同行するカメラマンの中田氏に声をかけた。僕らは急いでザックを背負った。

倭館《ウェグワン》という駅だった。ホームの駅名表示のハングルは読めないが、漢字がある。

倭とは昔、朝鮮では日本を意味した文字ではないか。鎌倉時代から室町時代にかけ、朝鮮や中国の沿岸を荒らしまわった海賊もどきの日本人は倭寇と呼ばれた。歴史の教科書の記憶が蘇ってくる。

以前、ある週刊誌で巨大ウンコの記事を書いたことがある。誰が残したのかわからないが、トイレに人のものとは思えない巨大なものがみつかるという話だった。その話を集めていくと倭寇に出合った。かつて彼らは、竹に何人ものウンコを詰め、それを押しだして海岸に残したのだという。日本からやってきた海賊船には巨人がいる……と。

倭館駅で列車を降りた話は、『たそがれ色のオデッセイ』という僕のブログでも紹介した。その読者が、二〇一〇年の中央日報の記事を翻訳して送ってくれた。

——慶北漆谷（キョンブク・チルゴク）郡の倭館邑は一九〇五年、京釜線鉄道が開通した駅名を倭館駅と命名し、地名として定着した。チョン・ヨンボク漆谷文化院長は「一時、地名の変更が検討されたが、朝鮮時代に倭館という名前があり、費用もかかるため保留となった」と述べた。

そうしてみると、倭館という地名の由来はかなり古いことになる。もちろん、駅舎を出た僕らは、そこまでの歴史は知らず、今晩の宿探しをすることになる。狙いは温泉マークだった。日本ではラブホテルの看板にも使われていたが、韓国では安めの宿やモーテルにこのマークが掲げられていることが多い。

温泉マークは簡単にみつかった。駅前のロータリーを渡ったところにひとつ。右手のビルの上にも温泉マークが見える。今晩の宿は確保できそうだった。気まぐれに降りた駅だったが、郊外に団地のある街ならきっと……という勘は通用するようだった。

ロータリーの先にある宿に行ってみることにした。人ひとりしか通ることができないほどの狭い階段を軋ませて二階にあがると、田舎のパチンコ屋の景品両替所のような小さな窓が見えた。すりガラスを叩いてしばらくすると、窓が開き、痩せた老人の顔が見えた。年格好からして、日本語が通じそうだった。

「部屋はありますか？」

老人は無表情だった。しかたなく、英語や身ぶりで伝えると、横のドアを開けて鍵を渡してくれた。部屋は三階だと指で示された。いままでふとんのなかで寝ていたようだった。三階まで行く気はないらしい。しかし鍵を預かった部屋には、中央に大型ベッドがどんと置かれていた。海外ではこういうことがときどきある。しかし同じベッドに男同士で寝るというのは……あまりしたくはない。再び二階に戻って、オンドル部屋にしてもらった。

オンドル部屋というのは、床暖房の部屋にふとんを敷いて寝るスタイルの部屋である。韓国の冬といえば床暖房が基本である。その意味ではすべてがオンドル部屋ということになるのだが、旅行者の間では、ふとんを敷く部屋がオンドル部屋で、ベッドの部屋はただの部屋と呼ばれていた。

僕はこのオンドル部屋を気に入っていた。ふとんに入り、仄かな温もりが背中から伝わると、なんだかとても幸せな気分になれるのだ。安宿の部屋はそれほど広くなく、ふとんを敷くと足の踏み場がなくなるほどで、なんだか学生時代の下宿に寝ているようで妙に落ち着くのだった。

「この部屋、ふたりで二万五千ウォンって安いよな」

ふとんを敷きながら中田氏に声をかけた。日本円にすると二千円ほどである。

「シャワーはお湯も出るし、なんの問題もないですよ」

「ソウルだったら五万ウォンはするな。中心街なら七万ウォンはする」

満足げな口ぶりに中田氏がふとんを敷く手を止めた。

三十年以上も旅がちな日々をすごしてきた。それも世間では貧乏旅行という範疇に入る旅である。宿代が安いと、とにかく喜ぶという単純さがしっかりと身に染み込んでいる。

韓国ではずっとこの種の温泉マークなのか……という思いが中田氏の脳裡をかすめたのかもしれなかった。

「お湯も出るし、なんの問題もないです」

などと口を滑らせてしまったことを後悔しているのだろうか……。


韓国の鈍行列車の旅に出ることにした。

これまで韓国には年に一、二回は訪れている。ソウルで用事がすむことが多いが、ときに地方都市に出向くこともある。そんなときは、ほとんどバスだった。韓国は高速バス網が発達し、運賃も安いのだ。ソウルに住む知人に訊いても、釜山《プサン》に行くときは、韓国の新幹線であるＫＴＸに乗ることはあっても、それ以外の地方都市へ行くときはバス……という答えが返ってくる。韓国はそれほど大きな国ではないから、バス便でこと足りてしまうのかもしれない。

鈍行列車の存在感が薄れていくのは、韓国も同じだった。

出発前、韓国の列車について調べていると、かつて釜山とソウルの間を一本の列車でつないだ各駅停車の話が出てきた。一二二一という番号をつけられた列車だったが、残念ながら二〇〇四年に廃止になっていた。日本の鉄道ファンは、どちらかというと乗り換えなしで釜山とソウルを結ぶ列車に興味をひかれるようだった。その感覚が僕にはわからなかった。そんな列車に乗ってしまったら、途中の街に泊まることができないではないか……。短い区間でも、鈍行列車を乗り継ぎ、気に入った街で泊まっていくような旅をしたかった。

事前に時刻表をチェックすることにした。しかし日本語のインターネットサイトを検索しても、出てくるのはＫＴＸという新幹線や特急ばかりだった。かなり詳しい時刻表もあったが、二〇〇八年のものだったりする。しかたなく、ソウルに住む知人に連絡をとった。教えてもらったホームページの時刻表が優れものだった。左端の駅名はハングルだが、右端には漢字とアルファベットが表示されていたのである。これなら僕にも解読できる。

かつて韓国の鉄道にはビドゥルギ号と呼ばれた鈍行列車があった。しかし二〇〇〇年に廃止。それをトンイル号が引き継いだが、これも二〇〇四年に姿を消した。いま、走っているのは、特急にあたるセマウル号、快速や鈍行など幅広く運行しているムグンファ号、そして通勤用のトングン列車の三種類だった。

時刻表のなかから、まずセマウル号を無視し、おそらく鈍行であろうトングン列車を探した。しかし釜山発の時刻表をいくら眺めても、トングン列車の表示はない。ならば……とムグンファ号に移ったが、この列車には、各駅停車らしきものから急行まで含まれていた。結局は、列車の呼称ではなく、時刻表の到着時刻が欄びっしりと埋まった列車を探していくしかなかった。これが事実上の鈍行のはずだ。

朝と夕……。

鈍行と思われる列車は、その時間帯にしかみつからなかった。

通勤や通学用ということなのだろう。鈍行列車は、朝と夕方に数多く集まっていた。つまり、韓国で鈍行列車で旅をするためには、早起きと夜ふかしが必要で、昼間は、駅の待合室で惰眠《だみん》を貪《むさぼ》るような旅になってしまう。昼間の農村風景を眺めながら、のんびりと進むような列車旅は難しいようだった。韓国にも、「列車旅は鈍行がいい」などという鈍行ファンがいるのかは知らない。しかし、韓国の列車を運行している韓国鉄道公社にしてみたら、そんな客を相手にしていたら収益は悪くなるばかりなのだから、それはしかたのないことだった。

早朝と夕方か——。

そこで時刻表を眺める視線が宙を舞った。僕らが韓国の鈍行列車に乗ろうとしているのは一月の末なのだ。それは一年のなかで、韓国が最も寒くなる時期ではないか。

マイナス十度を下まわるような寒気に包まれた早朝のホームで列車を待つことになるのか……。

いや、先のことを考えるのはやめよう。まずは、釜山から乗る列車だ……と視線を時刻表に落とすしかなかった。

釜山駅を夕方の十八時四十分に発車する列車があった。これは京釜線の各駅に停まり、二十時二十八分に東大邱に着く。成田空港を午後に出発する飛行機に乗っても、間に合いそうだった。しかし飛行機の運航はときに遅れることがある。釜山国際空港から釜山駅までのバスが遅れる可能性もあった。入国審査に手間どるかもしれない。しかし十九時五十分発という列車もある。これは、ふたつほどの駅を飛ばしてしまうが、ほぼ鈍行並みのスケジュールだった。それより遅くなると、深夜にソウルに到着する急行になってしまう。

なんとか十八時四十分発に間にあえば……。

そんな思いを胸に、僕らは成田空港を飛びたった。飛行機はほぼスケジュール通りに釜山国際空港に到着した。空港から乗ったバスは四十分ほどで釜山駅前に着いた。横で光る『東横イン』というネオンサインが目につく駅舎は、なかなか立派な建物だった。階段をあがると切符売り場のフロアーに出た。時刻を確認すると、発車まで三

日も落ちた釜山駅。鈍行は朝と夕方。で、この時刻に旅がはじまった

自動発券機からこの切符が出てきた。これで韓国の旅も心配ない？

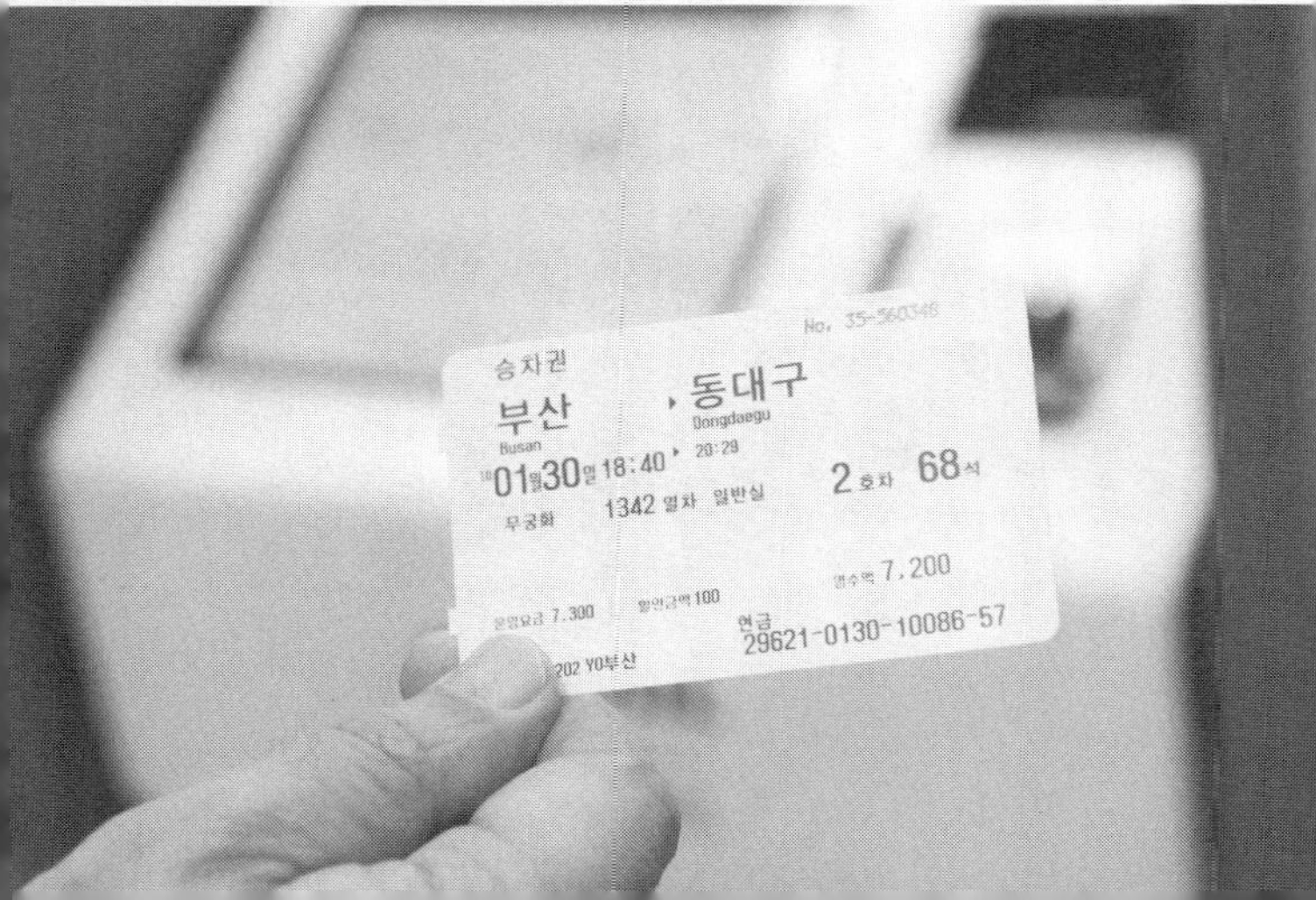

十分ほどの時間があった。切符売り場の列に並ぼうとして、足が止まった。僕らはハングルをろくに話すことができないのだ。中国や台湾なら漢字で筆談という手もあるが、韓国では難しい。時刻表を示してなんとか買えるだろうか……と悩んでいると、後ろ側に自動券売機らしきものが並んでいた。

やってみるか。

画面で英語表示を選び、東大邱の英語表記 Dongdaegu という駅を選ぶと何本かの列車が表示された。そのなかに十八時四十分発の列車があった。それを選び、人数を入力し、紙幣を投入すると……切符が二枚出てきてしまった。出発地と目的地以外はすべてハングルだったが、日付、出発時刻、列車番号は数字だから確認できる。どうも座席も指定されているようで、その番号も記されている。買うことができてしまったのだ。以来、僕らはこの自動券売機をしばしば利用することになる。

運賃は七千二百ウォンだった。日本円にすると五百八十円ほどだ。終点の東大邱までは二時間近く乗る。その安さはうれしかった。

時間を見計らってホームに降りた。列車はすでに入線していたが、まるで日本の特急列車のような車両である。四人がけのボックス席をなんとなくイメージしていたのだが、左右二席が並ぶ列車に少し戸惑った。

東大邱までこの列車に乗った。外観は立派だが、よく追い抜かされる

特急型の車内に戸惑う。ボックス型車両はもう韓国にはないんだろうか

「これでいいんだろうか？　僕らが乗るのは通勤通学列車なんだけどなぁ」

列車の写真を撮ろうとする中田氏が手を止めた。近くを通りかかった駅員に切符を差し出してみた。すると、「これだ」というにこやかな顔が返ってきた。

「これなんだ……」

鼻白む思いで列車に乗り込んだ。車内は暖房が効いていて心地よかったが、もちろん窓は開かない。僕はリクライニングの効いた席にポソっと座るしかなかった。しかし韓国のサラリーマンや学生は、こんな立派な列車に乗って通っているのだろうか。席がなくなれば、通路に立つのかもしれないが、座席指定というのも、通勤通学列車らしからぬことだった。

車内を探索してみると、売店車両も連結されていた。カウンターやテーブルもある。通勤客が軽い朝食や仕事帰りのビールでも飲むのかと思って見まわすと、テレビゲームのコーナーがあった。その横はドア付きの個室になっていて、そこにはカラオケの機械とマッサージチェアが置かれていた。カラオケは十分二千ウォン、マッサージは十分千ウォン。サラリーマンが帰宅途中にカラオケで歌い、マッサージを受けるのだろうか。そんな豪華な通勤タイムをすごしているのだろうか……。

僕はソウルで朝の通勤ラッシュを何回か経験しているが、彼らの朝にそんな余裕は

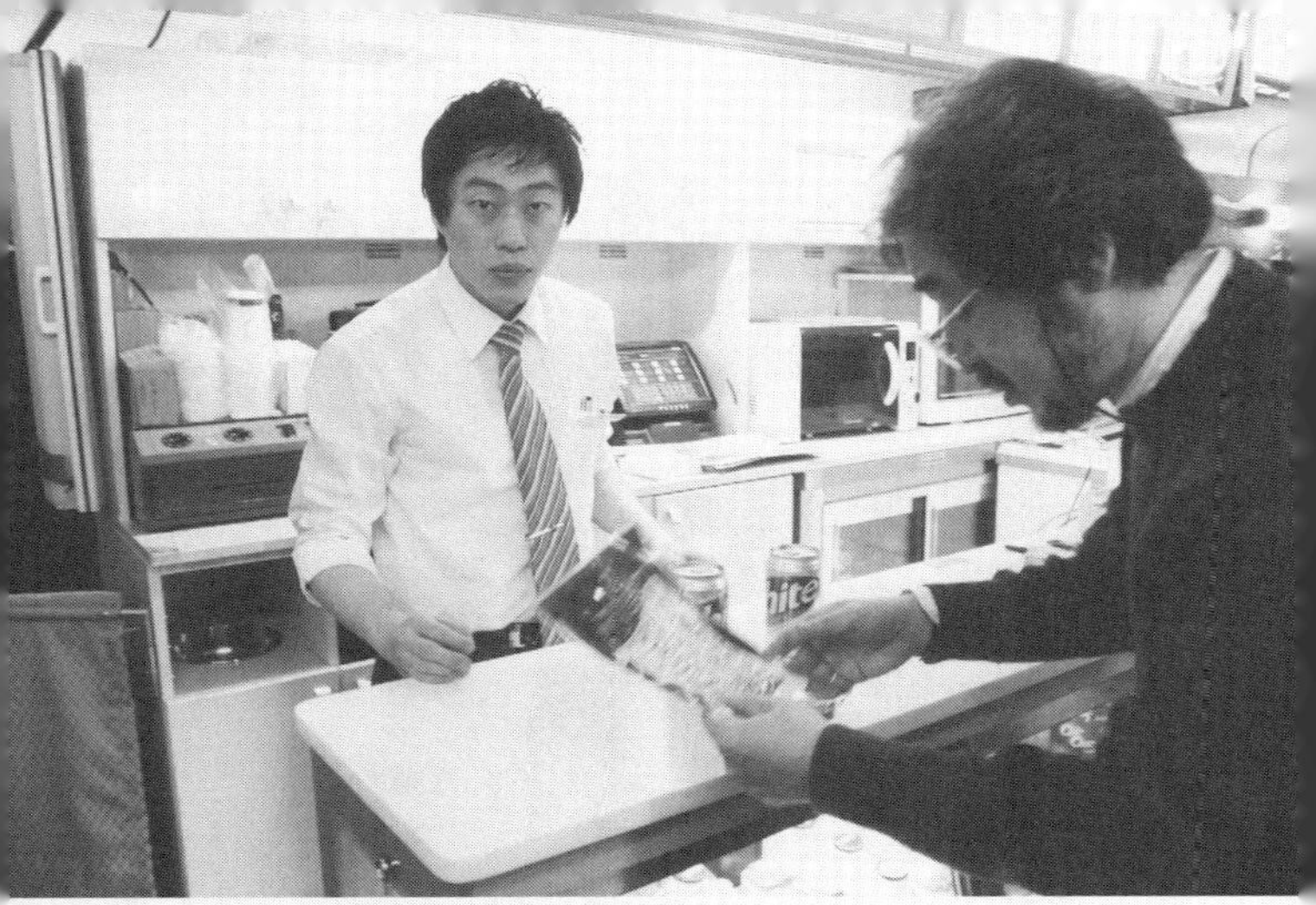

売店車両も連結。仕事帰りのサラリーマンがビールを買っていた

鈍行列車にカラオケとマッサージ!?

ない。ＯＬが殺気だった表情で自動改札を通り抜けていく。それに比べれば、釜山の勤め人はずっと優雅なのだろうか。いや、そんなことはないはずだ。おそらく、通勤通学用の鈍行車両を処分してしまい、特急用の車両を無理やり鈍行用として使っている気がした。僕らは、「お、カラオケボックスだ」「マッサージチェアもある」などと一瞬、目を輝かせてしまったが、よくよく考えれば廃れつつある鈍行列車を目のあたりにしているようなものだった。

列車は定刻に発車した。十四分後に沙上《ササン》駅に停車した。すぐに発車すると思ったが、なかなか動きださない。不審気にホームを眺めていると、反対側の線路をすごい速さで、韓国の新幹線ＫＴＸが走り抜けていった。

「もう、ですか……」

中田氏と顔を見合わせた。このあたりはＫＴＸと鈍行列車が同じ線路を使っていた。ＫＴＸや急行優先で、鈍行列車は置いてきぼりに遭う覚悟はしていた。しかし十四分しか走っていない次の駅で追い抜かされるのはあんまりではないか。ここですでに二分遅れてしまったのである。

ところが沙上駅から三十分ほど走った三浪津《サムナンジン》という駅で、またしてもＫＴＸに追い抜かれてしまったのである。この駅に到着し、なかなか出発しない列車に嫌な予感は

倭館駅で気まぐれ下車。さて、温泉マーク探しだ

ホフで適当に指で差して頼んだ鶏肉料理は激辛でした

したのだが。果たしてホームの反対側の線路をあっという間にKTXが走り抜けていった。発車して五十分ほどの間に二台のKTXに追い抜かれるというのはさすがに滅入る。しかしそこからさらに三十分ほど走った清道《チョンド》という駅で、またしても待ち合わせがあり、KTXに追い抜かれたのである。この列車は、KTXの間を縫って少し進んで、また停まり……という進み方をしているようだった。なんだか先が思いやられるのである。

東大邱には七分遅れで到着した。午後八時半をまわっていた。この街に泊まってもいいか……と駅舎を出ると、何棟ものビルが駅前ロータリーを囲むように建っていた。まるでソウルのようだった。きっと駅前には高級ホテルもあるのだろう。三台ものKTXに追い抜かれ、降りる人も少ない京釜線の小さな駅を見てきた僕らは物怖じしてしまった。たかだか二時間ほど各駅停車の列車に乗っただけなのに、もうすっかりローカルな気分になっていた。

もう少し先まで行ってみることにした。鈍行の旅にお似合いの駅に降り立ちたかった。時刻表を眺めると二十一時二十八分発の大田行きがあった。ムグンファ号である。釜山駅に着くのが遅れたら乗るつもりの列車だった。これはいくつかの駅を通過してしまう快速っぽい列車だったが、その後に続く列車よりは停車駅が多かった。

ネオンがちょっと寂しい倭館の駅前。韓国の地方都市風情

平気な顔に見えますが、朝５時の待合室は氷点下です（倭館駅）

自動券売機で金泉《キムチョン》という駅までの切符を買った。千三百ウォン。途中で倭館、若木、亀尾に停まる。ほどいい雰囲気の街があれば降りるつもりだった。途中駅で降りてしまうとその先が無駄になってしまうが、まあ金泉まで乗っても約百円である。

こうして僕らは倭館の駅に降りたのだった。


駅前に小ぢんまりとした繁華街があった。隅から隅まで歩いても十分ほどの規模である。そのなかのホフというネオンがついた店に入った。ホフというのは、韓国流のビール居酒屋のような若者向けの店である。海外の街に着いた夜は妙な高揚感があるもので、ビールがついつい進んでしまう。何杯めかのビールに口をつけながら、翌朝の列車のことが気になっていた。

朝か夕方――。

それは倭館を発車する列車でも同様だった。鈍行に近いのは、朝の五時五十六分発の列車だった。それを逃すと、通過駅の多いムグンファ号や特急のセマウル号になってしまう。宿は駅前とはいえ、仕たくをしたり、切符を買うことを考えれば五時には起きなければいけないだろう。

まだ日も昇っていないはずだ。部屋はオンドル部屋だから、床暖房が心地いいはず

寒気に包まれながら列車は北に進む

冷え込むホームに駅員が立っていた。冬場はつらい

だ。そのふとんをエイッとはねのけ、駅に向かわなくてはならない。鈍行にこだわる旅はなかなか辛い……。

朝の五時すぎだというのに、駅の待合室には、すでに先客がいた。若い女性とおじさんがひとりずつ、背を丸めるようにして座っている。暖房は効いているのだが、ドアの開け閉めのたびに、氷点下の冷気が入り込む。僕らも自動販売機で買った薄いコーヒーで暖をとる。手袋を通して、紙コップの温もりが仄かに伝わってくる。

小さな待合室だった。隅に切符売り場があり、自動券売機もあった。前日同様慣れた手つきで入力していったが、支払いはカードに限られていた。クレジットカードのマークもあるのでスライドさせてみたが、読みとってくれる気配もない。さて、どうしようか……と思っていると、切符売り場の灯がつき、制服を着た職員が現れた。時刻表を印刷した紙をとりだし、行き先の天安を示した。すると駅員のおじさんは、ポケットサイズの時刻表を開いて、確認するように同じ列車を指示してくれた。

天安《チョナン》まで一万二千五百ウォン。約千円。ひとつ、ひとつ確かめるように発券してくれた。

天安は西海岸を走る長項線《チャンハンせん》と京釜線《キョンブせん》が接続する駅だった。ここからソウルまでは、かなりの本数の列車が走っていた。

暖房がしっかりと効いた車内は、天国のような暖かさだった。特急型の列車だから座り心地もいい。あっという間に、睡魔に包まれてしまった。なにしろ、昨夜、宿に戻ったのは十二時近かったのだ。

目覚めると、あたりはまっ白だった。

雪?

しかし昇りはじめた太陽に映しだされた空は青い。快晴である。……霜だった。周囲は農村地帯で、枯れ草や畑にびっしりと霜がおりていたのだった。時計を見ると朝七時。外の気温はかなり低いのだろう。深川、池灘、伊院といった小さな駅にひとつ、ひとつ停まっていく。斜めから朝日が差し込むホームには、厚い防寒コートを着た駅員がしっかりと立っている。その伸びた背筋には頭が下がる思いだ。ホームには、ひとりかふたりの乗客が白い息を吐きながら待っている。僕らの車両に乗り込んだ若い女性が通路をすぎると、冷気がふわっと流れてくる。

その日はたまたま日曜日だった。列車はソウル行きである。日曜日のデートだろうか……などと考えてもみる。あるいは日曜出勤の仕事か、予備校の模試……。これほど寒い朝に、鈍行列車でソウルに向かうには、きっとそれぞれの事情があるのだろう。列車は、寒気に包まれた農村地帯を、北へ、北へと進んでいく。

天安には八時五十分に着いた。

ホームが何本もある立派な駅だった。改札は二階にあり、階段を降りて駅前広場に出ると、地下商店街の入口が目についた。太陽の陽射しはあるが、じっとしていると爪先が痛くなってくる。吸い込まれるように地下商店街に入ったが、そこも心細くなるような寒さだった。日曜日の朝ということもあったのかもしれないが、ほとんどの店が閉まり、なんとなく薄暗いのだ。しかしそのなかで、一軒のうどん屋のおばちゃんと目が合った。笑顔に誘われてしまった。カウンターだけの小さな店である。日本でいったら立ち喰いそば感覚である。ビニールに入ったうどんを湯に入れ、できあいのスープを温めて……という店なのだが、一杯二千五百ウォン、日本円にして二百円ほどのうどんは体に沁みた。朝からなにも食べていないこともあったが、温かいスープが冷えた体にはありがたいのだ。なんだか気分がほぐれ、韓国風ののり巻きであるキムパムも頼んだ。カウンターに置かれた無料のキムチとよく合う。

この店で一日にどれだけの売り上げがあるのか、と心配したくなるような店である。一杯二千五百ウォンのうどんを売って、どれだけの儲けになるのだろうか。……でも、地下商店街を歩く人もいない日曜日の朝から店を開けるのだ。

そこから水原《スウォン》に向かった。十一時七分に天安を出発する列車の切符を買った。三千

天安駅地下街のうどん屋。おばちゃんの笑顔に惹かれて座ってしまった

五百ウォン、約二百八十円だった。印刷した時刻表には、水原までの間に四駅があった。しかしそのうち、ひと駅にしか停まらない列車だった。朝の時間帯をすぎると、こういう列車になってしまうのだ。

水原に立ち寄ったのは、世界遺産の華城《ファソン》を見て、名物の味付きカルビでもと思ったのだ。韓国に着いて以来、食べた物といったら、倭館のホフで口にしたビールのつまみ、そして朝のうどんとキムパムだけなのだ。韓国は大きな国ではないので、鈍行に乗っても、食事の回数は少ない。とはいっても、せっかくの韓国なのである。

僕は海外に出ても観光地にはあまり足を運ばない。名物料理に食指が動かないわけではないが、あえて行くほどの熱意はない。しかしそれは僕の旅であって、その流儀を同行するカメラマンの中田氏に強いるわけにもいかないだろう。

しかし華城には期待を裏切られた。しばらく前に降った雪がまだ消えず、そのなかを歩いて入城したのだが、建物はすべてが復元されたもので、一七九六年完成時のまま残っているのは石垣ぐらいだった。朝鮮戦争ですべて壊されてしまったという悲しい歴史があるとはいえ、当時の息づかいのようなものが伝わってこないのだ。

……ならばと、水原駅横の観光案内所でもらった日本語パンフレットを頼りに、『ヨンポカルビ』の有名店に入った。どのテーブルも名物味付きカルビで埋まってい

水原の華城。世界遺産。韓国ドラマのロケにも使われた

水原の名物、味付きカルビ。生カルビもある

た。メニューを見て、その値段に天を仰ぎたくなった。

一人前二万七千ウォン。日本円で約二千二百円。

朝、天安駅前の地下商店街で食べたうどんの十倍もするのだ。倭館で泊まった宿はふたりで二万五千ウォンだったのだ。ほかのテーブルを見渡すと、かなりの皿が並んでいる。韓国料理では珍しくはないが、相当のボリュームである。

「あの……一人前をふたりで食べたいんですけど」

「それはだめ。ひとり、ひとつね」

「はあ……」

注文をとる韓服を着たおばさんの、人差し指に従うしかなかった。ふたりで五万四千ウォンか……。短い間だったが、僕らは鈍行列車の物価感覚に体が染まってしまったようだった。短い区間なら三千ウォン、四千ウォンといった値段で切符を買い、駅前の安旅館に泊まり……。

一人前二万七千ウォンの味付きカルビは、たしかにおいしかった。しかし、それを口に運びながら、朝、食べた二千五百ウォンのうどん屋のおばさんの顔がちらついてしかたなかった。鈍行列車の旅は、そういう世界を刻んでいってしまうものらしい。

水原からソウルはもう間近である。手にする時刻表では、ソウルまでの間には三駅

ソウル駅に着いた。3日くらい列車に揺られた気分だった

しかない。しかし昼間の時間帯は各駅に停まる列車が減ってしまう。時刻表を眺めると、夕方の七時台になってしまう。

どうしようか……。自動券売機の前で悩んでしまった。ふと見ると、別の改札口がある。それはソウルの地下鉄だった。距離を考えれば、ここまで地下鉄が延びてきてもなんの不思議もなかった。路線図を眺めると、韓国の鉄道よりずっと多くの駅に停車する。もちろんソウル駅も通っている。各駅停車にこだわれば、地下鉄を選ぶべきなのだろうか。水原駅では地上に出ているが、やがて地下に潜るだろう。それを鈍行列車の旅といっていいのだろうか。

やはり京釜線を走る列車に乗ることにした。鈍行列車の旅の最後が地下鉄というのは、どうもしっくりとこない。

乗ったのは水原駅を十六時四十三分に出発する列車。しかし、この時間帯の列車は、途中の永登浦《ヨンドゥンポ》にしか停まらない。運賃は二千六百ウォン、約二百十円。ホームで待っていると、少し前に到着するはずの特急セマウル号が遅れ、その待ち合わせで十分近く遅れた。鈍行列車は、追い抜かれてばかりだ。

ソウルに着いたのは、夕方の十七時三十分だった。日は沈みかけ、ビルの谷間に、氷点下の風が吹き抜けていた。

ソウルの繁華街・明洞。鈍行列車の旅に慣れた身には眩しすぎた

旅のデータ 韓国 釜山からソウルへ

●韓国鉄道公社

公式HP（ハングル）http://www.korail.go.kr/

（日本語）http://info.korail.com/2007/jpn/jpn_index.jsp

【路線】 ソウルと釜山を結ぶ京釜線、清涼里と釜山間の中央線、大田と木浦を走る湖南線、天安と長項をつなぐ長項線など。京釜線と湖南線に絡むように、韓国の新幹線KTX（韓国高速鉄道）も運行している。

【時刻表】 韓国鉄道公社（KORAIL）の日本語サイトには、全路線を網羅したような時刻表は載っていない。ハングルのサイトから調べることになりそうだったので、韓国に住む日本人の知人に時刻表をダウンロードできるアドレスを教えてもらった。2011年2月現在の最新時刻表アドレスはhttp://info.korail.com/2007/download/sta/2_korail_total_train_time_110117.xls。この時刻表は、ハングルだけではなく、漢字表記もあるので日本人にはありがたい。

【切符の種類と買い方】 インターネット社会の韓国のことだから、ホームページから予約することもできる。しかし各駅停車（鈍行）に限れば、その必要はまったくない。当日、駅で購入していけばいい。本文でも触れているように、僕はハングルを読んだり、話したりできないので、窓口近くにある自動発券機を主に利用した。英語の画面を選択して購入していくことになるが、目的地の駅名の英語表記を覚えておかないと、駅を選ぶことができない。それ以外はそれほど難しくなかった。自動発券機がないか使えない場合は、窓口で時刻表を開いて指差して買うことになるだろうか。

■運賃〈2010年1月乗車時データ〉

●釜山――東大邱 ……………… 7200ウォン
●東大邱――倭館 ……………… 1300ウォン
●倭館――天安 ………………… 12500ウォン
●天安――水原 ………………… 3500ウォン
●水原――ソウル ……………… 2600ウォン

韓国1000ウォン=日本円約80円　**総額約2170円**

第五章

中国

北京から上海へ

寒さに耐える南下行

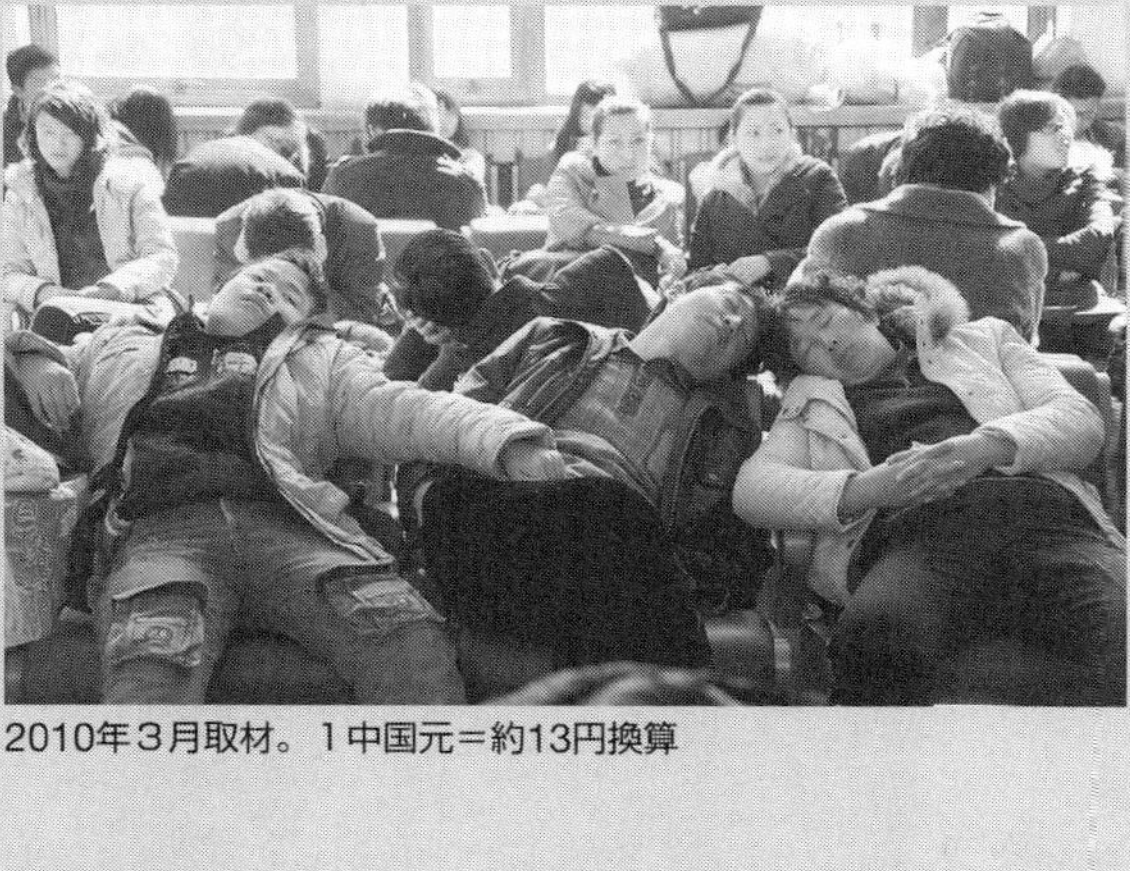

2010年３月取材。１中国元＝約13円換算

中国
北京
廊坊
天津
渤海
石家荘
煙台
徳州
黄
河
済南
青島
黄海
中国国鉄京滬線
徐州
中華人民共和国
鎮江
南京
合肥
東シナ海
蘇州
上海
N
長
江
100km

寒い。

窓は一応、二重になっているのだが、その隙間から冷気が入り込む。二枚の窓の間には、吹き込んだ雪がざらめ状になって残っている。ときどき渡る川は、人が歩いても通ることができそうな凍河である。

最低気温マイナス六度、最高気温零度——。

北京駅の電光掲示板に映しだされた『今日の気温』が脳裡をよぎる。

氷点下の寒気のなかを列車は進むというのに、僕らが乗る普通慢車は暖房がない。人の体温だけが車内暖房なのだ。これから先の旅を思うと、気が滅入ってくる。僕らは毎日、毎日、この氷室のような列車に乗ることになるのだろうか……。

北京《ペキン》から上海《シャンハイ》まで鈍行列車を乗り継いでいく——。その旅は、寒さとの闘いなのだろうか……。

五時間ほど前——。僕は時刻表を目で追いながら、愕然としていた。鈍行列車があまりに少ないのだ。その日、北京駅を出発する列車は九十七便あった。そのうち普通慢車と呼ばれる鈍行列車は四本しかないのだ。行き先は楊村《ヤンツン》までが二本、怀柔までが一本、怀柔北までが一本。しかし、この駅名がわかったところで、それがどこなのか見当もつかない……。

しかし、ここまで解読するのに一時間近くかかった。

朝、北京駅の切符売り場で時刻表を手に入れた。実は二ヵ月ほど前、僕は上海にいた。仕事の合間を縫って上海駅に出向き、時刻表を探した。しかし駅周辺の店には一冊の時刻表もなかった。中国もインターネットの時代なのかと思ったが、検索してもわかりやすいサイトがなかなかみつからなかった。そんな状態で北京に着いた。もし、時刻表がみつからないときは、北京に住む日本人が古い時刻表を貸してくれることになっていたが、できれば新しい自前の時刻表がほしかった。

そんな不安は、北京駅前のもこもことした防寒具を着たおじさんが消してくれた。彼が低い台の上に並べた雑誌のなかに時刻表があったのだ。しかしその時刻表が難解だった。この時刻表は全国版で、鉄道大国・中国の列車のほとんどが掲載されている。三百七十ページもある。それとは別に車次目録というページが巻頭についていた。これは列車番号がわかると検索できるスタイルで、これが六十ページもある。そこに辿り着くためには、まず列車番号がわからないといけないのだが……。

ぱらぱらとページをめくっていると、大站時刻表という欄があった。站は駅である。「これだ」と思って、北京駅発のページをめくると、前述のように一日に九十七便もあったのだ。このなかから、ひとつ、ひとつ調べていたら、今日、列車に乗るこ

北京駅前。寒風に
晒されて時刻表と
の格闘が続いた

中国は広い。地図がないと、時刻表を読みこなすことができない

とができないかもしれない。僕は北京駅前の広場にある植え込みの縁に座って時刻表を開いていた。陽射しはあるものの、気温は氷点下である。手袋をはめていてはページをめくれないから、素手になっている。指先はしだいに痛いほどに冷たくなってきたが、急がなくてはならない。

さらにめくる。すると普通慢車という欄に出合った。これは僕にも意味がわかった。慢は「ゆっくり」である。つまり遅い普通列車……つまり鈍行列車ではないか。そのページを眺めていると、あるルールに気づいた。普通慢車の列車番号はどれも六千番台か、七千番台なのだ。そこで巻頭の目録に戻る。中国の新幹線である動車組は、列車番号の頭にG、C、Dがついている。特快列車はZかT、快速列車はK、普通快車になると頭にアルファベットがなく一千番台からはじまる。

そういうことなのか……。

わかってきた。

北京駅発の列車のなかから、六千番台、七千番台の列車を探せばいいのだ。そこで絞り込まれたのが、前述した四本の列車だった。

ふーっ。

寒さも忘れて時刻表と格闘を続けてしまった。もう、指先の感覚がない。

ここからがカメラマンの中田氏の出番だった。彼は北京で留学経験のあるカメラマンで、中国語を話すことができたのだ。僕らは切符売り場の窓口に並んだ。彼が聞いたところ、北京から上海方面に向かうのは楊村行きだけだという。しかし終点の楊村は宿もないような小さな町で、それなりの街は、楊村より三駅手前の廊坊《ランファン》という駅だった。発車時刻は十五時十九分。まだたっぷり時間があった。

僕らは廊坊までの切符を買った。列車番号は六四五一番。運賃を聞いて、ついにんまりしてしまった。

ひとり四・五元。

日本円にして六十円──。

これは東京のＪＲや地下鉄の最低運賃の半分にもならない額ではないか。やはり鈍行は安い。これは上海まで、相当安く行けるのではないか……とひとりそろばんをはじいてしまった。

時間があった。僕らは北京駅前の郵便局のなかにある書店に向かった。中国の地図を買わないことには、駅名がさっぱりわからなかったのだ。時刻表にも方面別の路線図があったが、かなり省略されていて、鈍行しか停まらないような小さな駅は記されていなかった。

書店で手に入れた地図を開き、僕らは呆然としてしまった。廊坊という街は、北京市を少しだけ出たところにある街だったのだ。位置的には天津《ティエンチン》までのちょうど中間あたりになる。北京から天津までは百十八キロだから、五十キロほど進むだけなのだ。上海までは千四百六十三キロ。三十分の一の距離にすぎない。

「……」

「中国はやっぱ大きいですね」

いや、そういうことではないのだ。こんなことをしていたら、北京から上海まで一ヵ月もかかってしまう。

僕らが乗ろうとする列車は、普通慢車の名に恥じない遅さだった。五十キロほどの距離を一時間半ほどをかけて走る。時速三十四キロほどではないか。このペースで上海まで行くというのか。

僕は再び時刻表に視線を落とした。この列車が廊坊に到着するのは、十六時五十分である。その先の列車を探した。もう少し先まで進んでおきたかったのだ。せめて天津あたりまで行きたい……。

しかし廊坊から天津に向かうのは、四千番台の普通快車だけだった。このとき、僕らはまだ、普通慢車、つまり完全な鈍行列車にこだわっていた。翌日になれば、天津

カップ麺はいまや中国の国民食。１日の消費個数は億単位のはず

トランプは列車旅の必需品。金のやりとりはないみたいです

行きの普通慢車があると思っていたのだ。

その場で調べればよかったのだが、僕はここまで時刻表を解読するのにへとへとになっていた。時刻表の文字は小さい。五十代も半ばにさしかかり、老眼が進んでいる僕の目にはなかなか辛いのだ。もう、目がしょぼしょぼなのである。鈍行列車の旅は、老眼には縁のない若者向きの旅なのかもしれないが、アジアを「のんびり列車で旅をする」などという旅を思いついてしまった以上、この時刻表と格闘しなくてはならないのだ。

「次は老眼鏡を持ってこないといけないいな」

五十歳をすぎた旅人はひとり口唇をかむ。

明日になれば、きっと鈍行列車がある……。そんな思いは、廊坊の駅でみごとに裏切られることになる。しかしまだそれを知らない僕らはやや興奮した面もちで、列車に乗り込んだ。

「鈍行列車の旅がはじまる」

そこには、先々でどんなトラブルがあるのかわからない旅のはじまりに、いつも味わう緊張感があった。

車両はもちろん、中国の列車に昔からある硬座車両だった。通路を挟んで四人がけ

北京駅を出発する数少ない鈍行列車。南下行はこの列車ではじまった

中国人は一見、薄着。でもこの下に６～７枚は着込んでいます

と六人がけのボックス席があるスタイルである。全員が座ると、それだけで隣の人とぴったりと体がくっついてしまう狭さである。クッションも少なく、座っているとすぐに尻が痛くなってくる。

この車両には、つらい旅の記憶が脳に収まりきらないほど残っている。広州《コワンチョウ》から上海、上海からトルファン、青島《チンタオ》から上海……。この硬い座席に、二日、三日と揺られ続けた旅の過去である。すいていれば体を横にすることもできるが、中国ではそんなことは期待できない。それどころか、通路までぎっしり人で埋まり、トイレに行こうとするなら、うずくまる人を飛び越え、寝込む客をまたいで行かなければならなかった。

席は指定制になっていた。車両は八両ほどが連結されていたが、なぜか先頭車両から埋めているようだった。二両目以降はがらがらだったが、乗客はほとんど移動しなかった。走りはじめてすぐにその理由に気づいた。

寒いのだ。

暖房のない車内では、乗客は皆、体をくっつけて列車に揺られる。なんだかちょっと切ない鈍行列車の旅なのである。

廊坊には定刻に着いた。

暖房のない車内でも、ぐっすり寝込んでしまうのはさすが

廊坊に着いた。ここまで1時間半ほど。まだまだ先は長い

駅前にはビルもなかった。広場にはバスやタクシーが数十台停まっていて、呼び込みの声が響く。ほとんどが北京か天津行きだった。列車の本数が少ないからだろうが、相乗りのタクシーが走ってしまうほどの距離なのである。僕らはそれぐらいの距離しか進んでいなかった。

先を急がなくては……。僕らはビニールの寒さ避《よ》けカーテンを開けて、駅舎の切符売り場に入った。薄暗いなかで時刻表を開く。翌日の朝の便を探す。しかし各駅停車がない。駅に掲げられた時刻表にもない。しかし急いで先に進まなくてはならない。各駅停車にこだわっていてはらちが明かないと、できるだけ停車する駅の多い列車を選んでいく。接続を考え、廊坊—天津、天津—徳州《トーチョウ》、徳州—徐州《シュイチョウ》と三本の列車を選んだ。翌日はほぼ一日、列車に揺られ、徐州に着くのは午前零時というスケジュールだった。それをメモ用紙に書き、窓口に差し出した。すると、「席はない」という冷たい言葉が返ってきてしまった。

「はッ？」

各駅停車ではないにしろ、四千番台のローカル列車である。それが満席？　僕らはいったん窓口を離れ、代案を書いて出してみた。しかしまたしても、席はなかった。

「もうちょっと冷静になって考えなさいって、切符売りの窓口のおばさんにいわれました」

　カメラマンの中田氏が通訳してくれた。そういわれても困る。上海までは千四百キロ以上もあるのだ。発券機につながるコンピュータがうまく作動していないのではないか。そんな疑いも広がる。あるいは廊坊で売ることができる切符には限りがあるのか。再び窓口に出向き、天津までの席を聞いてみる。おばさんの表情がちょっと変わり、朝の九時四十九分に出発する列車の切符を売ってくれた。しかしそこには「无座」と書かれている。

「无は無っていう意味です。つまり立っていくってことです」

　天津までは一時間強だから問題はないが、中国ではローカル列車もかなり混んでいるようだった。切符を見た中田氏が、口許を緩めた。

「新空調硬座ですよ」

「エアコン付きってこと？」

「そう、寒くない」

　先のことはわからなかったが、とりあえず目先の快適さがうれしかった。

　宿は駅舎の横にある実燁宾館にした。周辺には木賃宿風の旅社が連なっていたが、外国人を泊めてくれる雰囲気ではなかった。もっともいまの中国は、どんな宿であっても外国人の宿泊を受け入れられることになっている。しかしそれは、政府がとり決めたことで、一軒一軒の宿まで浸透はしていないといわれていた。外観を見る限り、実煒賓館は廊坊駅周辺では唯一、以前から外国人を受け入れていたホテル然としていた。しかしフロントでパスポートを差し出すと、そこにいた女性は戸惑いの色を隠せなかった。中田氏に聞いてもらうと、かつてカナダ国籍の中国人が一回泊まったことがあるだけだという。国籍は違っても中国人なのだから、僕らはホテル開業以来、はじめての純粋外国人ということになる。北京から五十キロ離れただけで、そんな世界に放り込まれてしまった。この先の天津へ行けば外国人は珍しくなくなるはずで、各駅停車の旅は、エアーポケットのような街を泊まり歩くことになってしまうようだった。

外国人がホテルに泊まる場合、パスポートのコピーをとらなくてはならない。しかしこのホテルにはコピー機がなかった。結局、フロントの女性と一緒に、中田氏がコピー屋まで行くことになった。その間、僕はフロント脇のソファーに座り、水槽で泳ぐ金魚を眺めながら待つことになった。三十分ほどしてふたりは帰ってきたが、いったいどこまでコピーをとりに行ったのだろうか。廊坊はそんな街だった。

夜、ベッドに横になると、すぐそばを通る線路を走る夜汽車の音が聞こえてくる。

おそらく廊坊駅前でいちばん高い宿。1泊ふたりで120元、約1600円

夕食は廊坊駅前。単純な野菜炒めに「食の中国」を感じてしまう

朝食は1元のお粥と4個2元の包子。締めて40円ほど

窓を開けて眺めようとすると、氷点下の寒気が吹き込み、あわてて襟元をおさえた。明日の朝も冷え込みそうだった。

席はなかった。それはわかっていたことだが、ローカル列車なのだから一席ぐらいは……とも思っていた。しかし席はみごとなほど埋まっている。しかし新空調硬座だから、車内は暖かい。通路に立ちながらコートを脱ぐ。僕は鞄から時刻表をとりだした。僕らが乗ったのは天津行きの列車のはずだったが、車両脇に掲げられる行き先表示は『鎮江《チェンチアン》』になっていた。鎮江といえば南京《ナンキン》の先、もう上海が近くなる。僕が手にしていた時刻表は二〇一〇年一月版だった。それから二ヵ月しか経っていないのだが、もう運行スケジュールが変わってしまっていた。鎮江までとなると快車という速い列車になるはずで、この二ヵ月の間に、短区間を走るローカル列車がひとつ消えたことになる。中国のローカル列車の先行きが心許《こころもと》ないことは、これまでのアジアの鈍行列車旅で察しがついたが、こんなペースでなくなっていくことに少し戸惑った。中国で鈍行列車の旅を……と考えるなら、急いで乗らないといけない時代なのである。

天津駅は巨大だった。駅前広場は広大で、その向こうに建つ高層ビルがかすむほど

あまりに広い天津駅前広場。大きければいいってもんじゃない

天津駅で徐州行きに乗り込む。ホームもサッカー場並に広い

だった。気温は低いが冬晴れである。僕らはそのなかを切符売り場に急ぐ。廊坊の駅で、「ない」といわれた切符をなんとか確保しなくてはならない。切符売り場には、巨大な電光掲示板があった。列車番号や行き先が示され、硬臥という二等寝台や硬座の残席数が映しだされていた。その数字が正確なのかはわからなかったが、参考にはなる。僕らはそこで、鈍行列車が中国の鉄道から消えていく憂き目を再び味わうことになる。

僕らが狙っていたのは、天津から南下する列車のなかで、停車駅がいちばん多い列車だった。昼の十二時五十二分発の徳州行き。四千番台の列車だった。しかしいくら電光掲示板を眺めていても、この列車が表示されない。窓口に並んで聞いてみた。

「その列車はもうありません」

「はッ?」

時刻表が発売されてから二ヵ月の間に消えてしまっていたのだ。廊坊からの列車は鎮江行きに変わり、徳州行きのローカル列車も姿を消した。しかし落ち込んでもいられなかった。電光掲示板に示される残席数は、着実に減っていく。時刻表をめくり、停車駅を調べる。十二時三十三分発の普通快車で徐州まで行く手はある。しかし掲示板に映される残席数は「0」。その次は十三時二十八分の徐州行きなのだが、硬臥が

天津駅で食べた丼弁当はおかずの上にご飯が載っていた。普通は逆。中国人はこういうことを平気でする

車内では服務員が飲み物やつまみを売りにくる。缶ビール「超干」は5元。ブランド名は『超干』。訳して「スーパー……」。このネーミング問題ないんでしょうか

五ベッド残っているだけだ。あとは硬座の「无座」、つまり席なし切符しかなかった。この无座も残席数が出る。席なし切符の発券枚数も決めているようだった。

「徐州に着くのは夜の二十時五十八分……」

「十時間近く、立ちっぱなし？」

「きついよなぁ」

天津に一泊することも考えてみたが、僕らは朝、一時間ほど列車に揺られただけなのだ。こんなことをしていたら、いったいいつ上海に着くのかわからない。

「硬臥にするか」

僕らは窓口に走った。

中国の列車は混んでいた。そこにローカル列車の廃止という拍車がかかる。僕らの選択肢は狭まっていく。のんびり列車旅とは思えない切符獲得戦争に放り込まれてしまっていた。

僕らが確保できたのは、三段ベッドの最上段だった。ここにあがってしまうと、車窓の風景はなにも見えない。幸い、硬臥車両は、対面する三段のベッドとは別に、通路側に収納式の椅子がふたつある。僕らはそこに陣どり、冬ざれた河北省の風景を目にする。天津から六百七十七キロの南下の旅である。沧州、呉橋……となじみのない

この女性服務員の写真を撮った後、列車長が注意にきた。彼女が告げ口した？

氷点下でも駅のホームには売店が出る。中国人は本当に寒さに強い

駅に停まっていく。

僕らが乗ったのは、普通快車だったが、番号は一千番台がついていた。つまり普通快車のなかでも速いほうだった。しかし、陳官屯という時刻表にも載っていない駅に停車した。不審気にホームを眺めていると、動車組という中国の新幹線がすごいスピードで追い抜いていった。東光では二台もの動車組に抜かれ、呉橋に着いたときは、予定到着時刻より三十分も遅れていた。千番台の普通快車といっても、次々に特急に抜かれる。中国の列車の種類の多さを思い知らされる旅でもあった。

徐州駅の薄暗い切符売り場にいた。天井が高く、照明も少ないから、人の顔すらはっきり見えない。僕らはそのなかで悩んでいた。この駅にも天津駅と同じような電光掲示板があり、残席数が映しだされていた。天津駅の経験でいうと、この数字はなかなか正確だった。暗い切符売り場のなかでは、とても時刻表を見ることができない。掲示板だけが頼りだった。

「あと五ベッドか……」

午前三時四十四分に発車する列車だった。宜昌《イーチャン》発無錫《ウーシー》行きという列車で、翌朝の十時頃に南京駅に停車する。

「あと四時間か……」

通路側に収納式の椅子がふたつ。硬臥車両ではここが僕らの指定席だった

広大な平原に日が沈んでいく。気分も眺めも、ただ「茫漠」(天津—徐州)

徐州に着く前、時刻表で上海までの列車を調べていた。日本に戻る日程を考えると、なんとか二日後には上海に着きたい。とすると、徐州は明朝早い時刻に出発しないといけなかった。

♫徐州、徐州と人馬は進む……

という軍歌で知られた街だが、駅前のホテルに泊まるだけで終わってしまうのだ。

「南京まで行けば、暖かいですよね」

中田氏が掲示板を眺めながら呟くようにいう。

「なにしろ長江を越えるからね。漢詩にもあったような気がしたな。水ぬるむ……っていう詩」

「行っちゃいますか」

「たった四時間待つだけだしな」

僕らは切符売り場に向かったのだが、それがいかに甘い判断だったか、すぐに思い知らされることになる。

二階の待合室に向かった。すでにかなりの人が座っていた。僕らが乗る列車の表示も出ていた。その前に続くベンチに座った。

十分ほど経っただろうか。

「寒くない？」

中田氏と顔を見合わせた。僕らはザックのなかから、ありったけの衣類をとりだして着込んだ。それでも足許から冷気が這いあがり、首筋を寒気が吹き抜ける。僕はじっとしていることができず、窓のほうへ歩いてみた。そこで見た眺めに首うなだれるしかなかった。

上方の窓がいくつも開いているのだ。いや割れているのか。暗くてよくは見えないのだが、そこから氷点下の冷気が流れ込んでいた。待合室に暖房はないから、室内といっても外にいるようなものなのだ。こういうとき、駅員に文句のひとつもいえないのが中国という国である。駅舎のなかでは、絶対的な権力者のように彼らはふるまっている。しかし彼らも寒いはずなのだ。

午前零時をまわり、乗客が入ることができる待合室はふたつだけだった。もうひとつの待合室に入ると、ずいぶん暖かい。人の熱のおかげもあるが、窓が閉まっているとこんなにも違うのだ。寒さに強い中国人も、多くがこの部屋に集まっていた。すでにベンチはすべて人で埋まり、床にまで人が座っていた。それにこの部屋は別の列車用である。仮にこの部屋にいたとしても、発車時刻が近づけば、僕らが待っていた氷室待合室に戻らなくてはならないのだ。中国はなかなかうまくいかない国である。

僕らは温かいものでも食べようと駅の構内を探した。しかしこの時刻になると、ほとんどの店が閉まっている。開いているのは、商品が見えないほど暗い土産物屋兼雑貨屋だけだった。そのなかに一軒、インスタントラーメン屋をみつけた。客の食べ残しが置かれたテーブルも三個ほどある。僕らはそこで、ひとつ五元のインスタントラーメンで暖をとった。しかし食べ終わると、またあの氷室に戻らなくてはならなかった。

あと二時間――。それはとてつもなく長い時間に思えた。寒くて仮眠もできない。ただ奥歯をがたがたさせながら、時間をやりすごしていくしかない。その間に、手足の感覚は麻痺してしまうような不安にも襲われる。

少しの間、姿が見えなかった中田氏が、どこか得意気な面もちで戻ってきた。

「これですよ、これ。湯たんぽ」

彼は雑貨屋の店頭にあるお茶ポットを見てピンときたらしい。中国の人々はお茶を水代わりに飲む。列車に乗るときは、それ用のポットがある。かつては金属のふたがついたガラス壜などを持っていたが、最近は軽いプラスチック製の透明ポットが主流になってきている。駅構内の雑貨屋には、当然のように置かれている。待合室の洗面所には、給湯器も備えつけられている。ここに茶葉を入れず、熱湯だけ入れたら

徐州を午前3時44分に出発する列車にした。寒さとの闘いがはじまった

氷室待合室。写真では寒さを伝えられないことが残念でしかたない

カップ麺専用食堂。これで体を温めたのだが……

……。ポットは八元、百円ほどだったという。

「あったかい」

中田氏が渡してくれたお茶ポットを、手袋をはめた手で包むように握る。熱湯の温もりが手に伝わってくる。僕はコートのポケットに入れたり、セーターの下に入れたり……としばらくお茶ポット湯たんぽで暖をとると、それを中田氏に渡す。彼もまた、手でさすり、コートのなかに入れて暖をとる。五十六歳の物書きと、三十四歳のカメラマンは、お茶ポット湯たんぽを交換しながら、ちょっと幸せになるのだった。

しかし氷室待合室は夜も更けてますます冷えてくる。風も出てきたようで、窓から寒気が吹き込んでくるのが肌でわかる。発車が近いから、暖かい待合室に移るわけにもいかない。すぐに冷えてしまうお茶ポット湯たんぽはちょっと頼りなかった。

冷えきった体に、暖房の効いた車内は天国のようだった。列車は定刻より少し遅れて徐州駅のホームに入ってきた。この列車で南京まで約六時間。硬臥という二等寝台が九十七元、千二百六十円ほどである。この値段で暖房が効いているのだから、中国の列車はうれしいほど安かった。

しかし乗り込んだ時刻は午前四時近い。車内の照明は落とされ、ベッドから聞こえてくるのは深い寝息だけである。そのなかを車掌の後をつき、息をひそめて進む。僕らはともに三段ベッドの中段だった。手袋をとり、コートを脱ぎ……としていると、下段ベッドでもそもそと人が動く気配がする。目を凝らすと、若いカップルがひとつのベッドの上でいちゃついていた。硬臥は開放型だから、通路や前のベッドにいる人からは丸見えである。昼間ならこんなこともできないわけで、人が寝入っていることをいいことに……なのである。

「だから中国のひとりっ子はだめなんだ」

などとおじさん風を吹かしたくなるのだが、周りは皆寝入っているわけだから、音をたてないように中段ベッドにあがるしかない。はしごに足をかけると、小声だが、しっかりとした声がその下段ベッドから聞こえた。

「日本人ですか?」

「はッ?」

日本語だった。いちゃつくカップルの女性がこちらを見ていた。

「はあ……」

そんな体勢で声をかけられても困るのである。

「頑張ってください」

とでもいえというのだろうか。小声で聞くと大学生で日本語を勉強しているのだという。それ以上の話は、隣にいる若い男が気になってできず、車掌から受けとったシーツを敷いて体を伸ばした。暖かさも手伝い、睡魔が襲ってくる。午前四時をまわっている。下段ベッドの様子が気になったが、それは一瞬のことだった。

足を強引に引っぱられて起こされた。目を開くと、そこに車掌が立っていた。手に持った僕らの切符をひらひらさせながら、

「南京、南京」

と不機嫌そうな顔でいった。外はすでに明るい。時計を見ると八時をまわっていた。なかなか起きなかった僕らが気にくわないらしい。

硬臥の車両では、まず車掌に切符を渡す。すると、ベッド番号が記されたカードをもらう。乗客はそれを持つことになるのだ。車掌は、それぞれの降車駅がわかっているから、その手前の駅で起こしてくれる……。といえば聞こえがいいが、それがサービスかといえば少し言葉に詰まる。乗客は降りる前に、シーツや枕カバーを片づけ、車掌のところへ持っていかなくてはならないのだ。これは終着駅に着くときも同じで、乗客は皆、シーツなどを片づけ、車掌は車内清掃を終えて駅に着くのを待つ。そして車掌がまっ先に列車を降りるというのが、中国列車の習慣なのだ。つまりは、自分が困るから、前の駅で無理やり起こすのである。

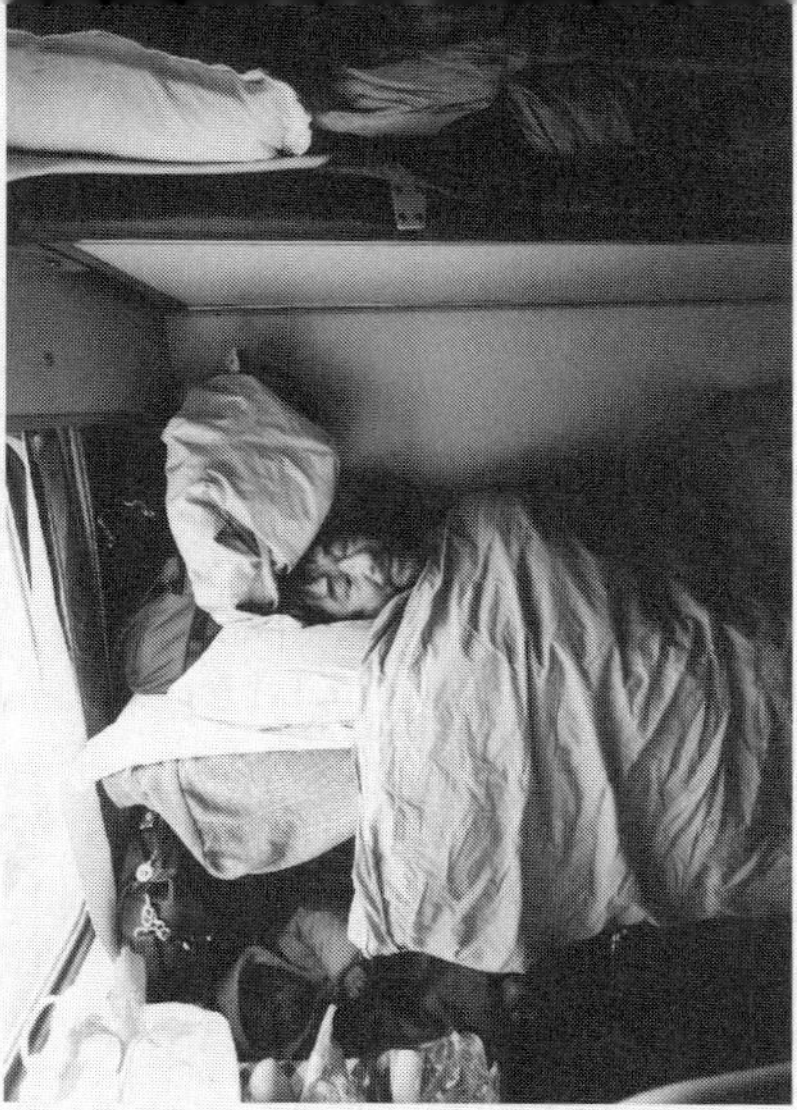

この後、手前勝手な車掌に無理やり起こされる（徐州―南京）

車窓の眺めから冬が消えた。緑がうれしい。確実に南下している

眠かった。ぐっすり眠ったとはいえ四時間である。まだ寝足りない。時刻表を見ると、滁州という駅を出たところだった。ところが南京着は十時四分なのだ。

「あと二時間もある」

「もう少し南京に近くなって起こしてくれたっていいんだけどな」

「ここは中国だからね」

僕は不安だった。この二時間の間に寝入ってしまいそうだったのだ。車掌は自分の仕事が終わったわけだから、もう起こしてはくれない。僕らは中段ベッドから降り、通路側の席に座った。

そんな僕らの目に映ったのは畑だった。そこに青々とした葉物が育っていた。徐州から四時間南下しただけというのに、車窓の眺めからは冬が消えていた。畑に吹く三月の風は、まだ寒気をたっぷりと含んでいるのかもしれないが、陽射しは着実に強くなっているようだった。車内はぽかぽかと暖かいから、よけいに南へ来たような気分になる。

九時をすぎ、停車するはずのない小さな駅で、列車は突然、停まってしまった。しばらくすると、和諧とボディに書かれた動車組という中国新幹線が追い抜いていった。そして十分ほどすると、新幹線がもう一台……。千番台とはいえ、ローカル列車

間もなく南京。でもこの後、待ち合わせで30分停車した

長江を越える。ようやくここまで南下した。長い１日だった

の趣をもった僕らの列車は、やはり追い抜かれる立場にあるようだった。しかし新幹線ならまだ許せるが、その次に追い抜かれたのは貨物列車だった。ここまでくると、

「おい、おい」

という気になり、時計を見ると、停車してから三十分がすぎていた。

しかし列車はまだ動かない。結局、もう一台の新幹線と貨物列車一台、計五台の列車に抜かれ、五十分近くも停車していたのである。窓際の椅子に座り、ぼんやりと人もいない駅のホームを眺めていると、つい、つい眠くなってくる。南京で乗りすごすわけにいかないから、わけもなく通路を歩いてみる。

ようやく動きはじめた列車は、ほどなくして、南京長江大橋を渡った。僕らはようやく長江を越えた。

思い切り背筋を伸ばした。そういう気分だった。南京駅に降りると、目の前に中国風の公園が広がっていた。『玄武湖公園』と看板に書いてある。水は凍ってはいない。それどころか、春のやわらかい陽射しのなかで、ボートを漕ぐカップルまでいる。昨夜、氷室待合室でお茶ポット湯たんぽで暖をとった寒さが嘘のように消えていた。

「ス、スカートです」

ファインダーをのぞいていた中田氏が、年がいもない声をあげた。その方向に目をやると、そこにワイン色のスカートを穿いた女性がいたのだ。ぶ厚い毛糸のストッキングを穿いてはいるが、まぎれもなくスカートだった。

この旅に出る前に北京で会った日本人女性との会話を思いだした。

「まだ寒いでしょ。スカートを出すのは、二ヵ月ぐらい先かな」

僕らはその二ヵ月分の気温差を、三日間の南下行で稼いだことになる。

北京を出発して以来、ゆっくり中国の街を見る時間もなかった。廊坊には泊まったが、夕方に着いて、朝に出発してしまった。そこから足かけ二日の間に眺めた中国は、駅前広場と、列車の窓枠の形に区切られた風景だけである。口に入れたものといえば、駅や車内で売られる弁当にカップヌードル、ソーセージ……そんなものだけだった。

明るい太陽の光がうれしく、南京の路地裏にあった青空食堂でそばを食べた。やはり揺れないテーブルはありがたい。その足で長江を眺めに出かけた。日本で揚子江といわれる大河に架かる橋を渡って僕らは南京まで辿り着いた。その川を確認したかった。南京駅前で三元で買った地図を開くと、獅子山公園に登れば、長江を渡る列車を

獅子山公園から南京長江大橋をぼんやり眺める。上海まで後300キロ

見ることができそうだった。四十元もの入場料をとられ、山の頂にある楼閣に登ると、眼下に南京西駅があり、その向こうに南京長江大橋があった。動車組という新幹線の白い車体が勢いよく通り抜けていく。僕らが乗り継いできたローカル列車の緑色の車体が、とことこと渡っていく。長江を渡る列車は思った以上に多く、カメラを構える中田氏が、

「まただ」

といいながらシャッターを押す。

僕らは明朝、上海行きの列車に乗る。まだ三百キロほどの距離が残っていた。

一四六一次――。

この旅に出る前、北京に住む日本人の鉄道マニアに問い合わせると、こんな返信が届いた。

「ローカル列車？　じゃあ、一四六一次に乗るんですか？」

ファンの間では、それなりに有名な列車のようだった。一四六一次という列車は、北京と上海を結ぶ唯一の普通快車だった。所要時間は二十二時間四十三分。ほぼ一日をかけて、北京と上海を結んでいた。車体は旧式の緑色のそれで、どちらかというと

南京の繁華街はどことなく華やいでいた。やはり暖かい

南京では湖南料理を食べた。四川料理をしのぐ辛さが脳に響く

古いものに反応する傾向が強い鉄道ファンが好む列車だった。

鉄道ファンというものは、一本の列車に長く乗ろうとする傾向があるらしい。その伝でいうと、僕はできれば、多くの街に寄っていきたいと思う旅行者だった。今回は各駅停車にこだわり、一四六一次よりも停車駅の多い、四千番台、六千番台に乗って旅をしようとした。しかし、その列車で北京と上海を結ぶことは無理だった。中国の列車は、スピード化の波に呑み込まれていた。結局、一千番台の普通快車を絡めていくことになるのだが、そのスケジュールを調べていくと、しばしば一四六一次に出合った。北京と上海を結ぶ唯一のローカル列車なのだから、なにかと都合がよかった。最後はやはり一四六一次だった。しかし、この列車は混みあっていることを南京駅で思い知らされた。僕らが買うことができたのは、またしても「无座」、つまり席なし切符だった。

発車は朝の六時十四分だった。ホームに降りると、隣に上海行きの新幹線、動車組が停まっていた。早朝のためか空席も多い。これに乗れば二時間半ほどで上海に着いてしまう。リクライニングの快適な席だ。時刻表で運賃を調べてみる。二等硬座で九十三元、千二百十円ほどだ。僕らの切符は席なしの硬座の切符で二十四元、三百十円ほどだ。

南京駅のホームで
動車組を眺める。
ちょっといじけた
気分で

僕らは席なし切
符。やっぱり鈍行
ローカル列車はつ
らいなぁ

「乗れないんだよな」

僕らはものほしげな眼差しを、新幹線の白い車体に向ける。

「ローカル列車の旅だからさ」

「上海まで四時間半ですか……」

通路に立ちっぱなしのその時間が脳裡をよぎる。

車内は混みあっていた。通路を挟んで、左右に四人がけと六人がけのボックス席が並び、そこが人で埋まっている。通路に立つ人も多い。皆、疲れを隠しきれなかった。多くが北京から乗った客で、人に挟まれ、垂直の背もたれという体勢でひと晩をすごしたのだ。この列車はエアコンがないから、夜はかなり冷え込んだのかもしれない。

かつて何回も乗った硬座の旅を思いだした。発車して半日ぐらいはなんとかなるのだが、しだいに身の置き場のないような疲れに包まれる。それは乗客の誰もが同じで、車内の空気は澱み、耐えるだけの時間がはじまるのだ。ときどき車掌が車内清掃にくるのだが、そのたびに軽い眠りから起こされ、座ったまま両足をあげて床下を掃いてもらう。疲れているから、車掌の横柄な態度にいらだってしまう。しばしばこの狭い空間から逃げだしたいような衝動に襲われるのだが、どうすることもできず、寝

ほとんどの乗客は座ったまま寝たはずだった。ただただ耐えるしかない

ひとりっ子同士は子どもふたりまでOK 。でも暮らしは厳しい

不足のぼんやりとした頭で、ただ時間をうっちゃっていくのだ。

そんな車内に放り込まれた。僕らはホテルで寝ていたが、乗客の大半は、このなかでひと晩をすごしていたのだ。車窓から射し込む光さえ輝きを失っているように映る。

中国は確実に豊かになった。次々と導入された動車組という新幹線はその象徴でもある。ローカル列車の三倍以上の運賃がかかるが、北京と上海を十時間ほどで結んでしまうのだ。しかし、その列車に乗ることができるのは、中国の高度成長の波に乗った人々にすぎなかった。その波に乗り遅れたり、乗る機会すらない膨大な人民がいるわけで、そんな人たちのために、中国の国鉄は、北京と上海の間に、一四六一次という列車を残していた。北京から上海まで、硬座の狭さと澱んだ空気に耐えれば、八十八元しかかからない。日本円で千百四十円ほどなのだ。

僕は通路に立ちながら、そんな人々の顔を眺める。若いカップルの男性は、女性の膝の上に体を預けて寝入っている。眠ることができない女性は、ぼんやりと外を眺めている。車窓に広がる江蘇省の農村は、彼らが生まれ育った土地に比べればずいぶん豊かに映っているのだろうか。

若い夫婦は、幼いふたりの子どもを膝の上に乗せて舟を漕ぐ。ひとりっ子同士が結

若いカップルは、上海に夢を託しているんだろうか

婚すると、ふたりまで子どもが持てる。しかし、その生活の苦しさを、奥さんの荒れた肌が語っている。

それぞれが上海に夢を託しているのかもしれなかった。そんな人々を乗せて、一四六一次は、南へ、南へと進んでいく。

僕は立ち続けるのに疲れ、通路にうずくまる。背中には、そこに座る人の背が当たり、足許には、座席の下にもぐり込んで寝ている男の足がある。近くの乗客がトイレに立つと、その間だけ座席に座らせてもらう。

僕はラッキーだった。常州で近くに座っていた乗客が降り、その席に座ることができた。中田氏も蘇州《スーチョウ》から席を確保することができた。

あたりにはしだいに工場が増えてきた。上海近郊の工場地帯は、すでにここまで広がっている。中国の経済成長を担うエリアのひとつでもある。世界の工場とまでいわれる中国を支える一帯でもある。

遠くに上海の高層ビル群が見えてきた。

あと三十分ほどで上海に着く。

上海に着いた。北京から1463キロ。やはり中国は広い

北京―上海間の全切符。５枚総額約3760円だった

旅のデータ 中国 北京から上海へ

●中華人民共和国鉄道部

公式 HP http://www.china-mor.gov.cn/

【路線】 鉄道大国である。気が遠くなるほどの路線がある。時刻表は北京と広州を結ぶ路線群を「京広方向」、北京と上海を結ぶ路線群を「京滬方向」など6エリアに分けている。大都市間を結ぶ動車組は、中国の新幹線とも呼ばれている。

【時刻表】 中国語だが、『中国鉄路旅客列車時刻表』(http://www.abkk.com/cn/train/index.asp) というサイトがある。ただし駅名からの検索なので、路線を選ぶには不都合。そのほか、日本語のサイトもあるが、すべてを網羅しているわけではない。いろいろな路線を検討していくには、中国で手に入る『全国鉄路旅客列車時刻表』がいちばんのような気がする。ただし、北京駅で手に入れたこの時刻表も、中国のすべての列車が掲載されているわけではないという。しかしほとんどは載っているので、まずは問題ない。

【切符の種類と買い方】 新幹線にあたる動組車は座席車両。一般の列車は寝台 (軟臥、硬臥) と座席 (軟座、硬座) に分かれる。「軟」が1等、「硬」が2等という感覚である。

切符は窓口で買うことになる。以前のように、切符を買う列を無視して無理やり入ってくるような中国人は減ってきた。窓口の職員も昔に比べれば対応もよくなってきている。ただしはじめて切符を買う人は、少しカチンとくることもあるかもしれない。

買うときはメモに列車番号、行き先、クラスなどを書いて渡す筆談になるだろうか。職員によっては、予約画面をくるりとまわして説明してくれることもある。駅によっては、予約画面が表示される。すべて漢字なので見当はつく。

列車はけっこう混んでいる。当日切符を買う場合、残席表示が出る駅もあるので、それを参考に、候補を2～3列車書きだすとなんとか席が確保できる感じだった。

■運賃〈2010年3月乗車時データ〉

- 北京——廊坊 ……… 4.5元
- 廊下——天津 ……… 11元
- 天津——徐州 ……… 153元
- 徐州——南京 ……… 97元
- 南京——上海 ……… 24元

中国通貨 1中国元=日本円約13円
総額約3760円

第六章

フィリピン

マニラからビニャンへ

銀河鉄道とトロリー

2010年10月取材。1ペソ＝約2円換算

フィリピン
カローカン
ブルメントリット
タユマン（トゥトゥバン）
トンド地区
バンバン
チャイナタウン
LRT-2
イントラムロス
LRT-3
パシッグ
マニラ
LRT-1
マカティ
パサイ
マニラ湾
バクラランン
マニラ国内空港
ターミナル
フィリピン国鉄
タギッグ
パラニャーケ
バコール
バイ湖
カウィット
ラスピニャス
アラバン
モンテンルパ
サンペドロ
ビニャン
N
5km

悲惨なことになっているらしい。太平洋戦前、フィリピンの鉄道網は首都のマニラから北へ南へと延びていた。北はサン・フェルナンド、南はレガスピまでの路線を持ち、いくつかの支線もあった。その距離は千百四十キロにも及んでいた。しかしその線路は、大戦でずたずたにされてしまう。輸送手段を断つために、線路や駅が標的にされたのだ。

戦争が終わり、アメリカ軍によって線路の復旧がはじまった。列車が走ることができるまで修復されたのは半分弱の四百五十二キロに及んだという。この状態でフィリピンに返還された。一九四六年のことだった。

フィリピン国鉄がつくられ、それから約二十年、フィリピンの列車は、それなりの役割を果たしていく。しかし一九七〇年代に入り、線路を台風や洪水が襲う。さらに一九九一年、ピナトゥボ山の大噴火で線路が埋まり、マニラから北に向かう路線のほとんどは廃線に追い込まれていった。

南へ向かう路線は、流された橋も復旧し、レガスピまでの運行を続けていた。しかし二〇〇四年に、レガスピ発マニラ行きの夜行列車が脱線するという事故を起こしてしまう。そこに追い打ちをかけるように台風が襲い、南へ向かう路線も廃線区間が長くなっていってしまった。

自然災害で寸断されていく線路を修復する資金は、フィリピン国鉄にはなかった。国際規模の融資を受けて復旧しても、たび重なる災害で再び水の泡と化していく。しかしその間も、国内を移動する需要はあるわけで、それを担うバス網が整っていく。短距離を結ぶジープニーも、その距離を延ばしていく。なんとか運行が再開されても、鉄道利用者が戻ってこないという悪循環にフィリピン国鉄は陥ってしまった。

フィリピン国鉄はその後、ひとつの方向転換をはかる。長距離列車はとりあえず諦め、首都圏のコミューターラインという通勤通学列車として生き延びようとするのだ。事前に調べると、基点はマニラのタユマン駅だった。この駅はトゥトゥバン駅ともいうが、現地ではタユマン駅の名のほうがよく使われているようだった。列車は北方向はカローカン駅まで、南はビニャン駅まで運行しているようだった。それぞれたいした距離ではないが、これが唯一のフィリピン国鉄の路線なのだ。

乗ってみることにした。

LRTと呼ばれるマニラ市内を走る電車に乗り、バンバン駅で降り、フィリピン国鉄の始発駅であるタユマン駅をめざす。バンバン駅周辺にはビルもあったが、進むにつれ、下町風情が漂い、やがてスラムのように密集するバラックが目に飛び込んできた。地図を眺めるとスモーキーマウンテンがあるマニラ最大のスラム、トンド地区の

マニラの市内電車LRT（ライトレール）。運賃は国鉄と比べると高い

バンバン駅から歩いてトンド地区のタユマン（トゥトゥバン）駅へ。下町の道だ

入口あたりだった。タユマン駅は、スラム街に近いようだった。

白い立派な建物が見えてきた。正面に『PHILIPPINE NATIONAL RAILWAYS』と書かれている。入口には旧式の機関車も展示されていた。ここがフィリピン国鉄の本社のようだった。

「タユマン駅？　ここだよ」

入口にいた守衛が教えてくれる。タユマン駅は、フィリピン国鉄本社の一階にあった。荷物のチェックを受け、なかに入ると、そこが待合室だった。切符売り場はその横にあった。

南方面に行くか、北方面を選ぶか……。どちらも、そう長くない距離である。急げば一日で走破できてしまいそうだ。とりあえず、北方面から乗ってみることにした。窓口でカローカンという駅名を告げた。

「その線はもうありません」

「はッ？」

寂しい言葉が返ってきてしまった。路線がしだいに減ってきていることはわかったが、タユマン駅から三駅北というカローカンまでの路線もすでに廃止になっていたのだ。

フィリピン国鉄本社の一階が始発駅になっている

この窓口で北方面への運行は止まっていることを知らされる

コミューターライン。電車のようなディーゼル車だ。韓国製とか

後でわかったことだが、この路線は完全な廃線ではなかった。将来、コミューターラインを北方面にも走らせる計画で、その工事のために運行が停止されていたのだ。しかし、それを知らない僕らは、気落ちし、同時に焦った。南方面の時刻表を見ると、ほとんどがアラバン行きで、夕方の十八時二十分に出発する便だけがビニャンまで行く。アラバンまで二十八・六九キロ、ビニャンまで三十九・七六キロ。これだけの距離しか乗ることができないのだ。ローカル列車に変わりはないが、これではあまりに短いではないか。

これまでそれなりの距離を走るローカル列車に乗ってきた。千キロを超える路線もあった。それがわずか三十九・七六キロなのである。

しかしそうもいってはいられなかった。マニラまで来てしまったのだ。とにかくアラバンまで行ってみることにした。運賃は二十ペソ、四十円ほどである。

やってきたのは、味も素っ気もない列車だった。まさに通勤通学用といった感じで、山手線のようなロングシートの車両だった。これはただの市内列車ではないか。おまけに各窓にはしっかりと金網がとりつけてある。これでは満足に車窓の風景を見ることもできない。

鼻白む僕らを乗せ、アラバン行きの列車は定刻に発車した。三両連結だった。席は

ただの市内電車です。先頭車両は女性専用。痴漢が多いんだろうか

ビクタン駅の周りは市場になっていた。窓越しにアジアの熱気

ほぼ埋まり、立つ人もちらほらという状態だったが、次のブルメントリットという駅でかなりの人が乗り込み、車内は混みあってきた。進むにつれて乗客は増え、東京の通勤電車並みの混み具合になった。運賃は途中駅までなら十ペソ、十五ペソである。マニラ市内を走るLRTに比べるとかなり安い。それが混みあう理由のようだった。

列車は溜め息がでるほど遅かった。アラバンまで二十八・六九キロだが、時刻表をみると所要時間は一時間である。つまり、時速三十キロにも達しないのだ。車道と併走すると、次々と車に追い抜かれていく。このスピードだから当然である。これだけ遅いというのに、この列車は、たて続けに警笛を鳴らし続けている。

警笛と遅いスピード——。その理由を、僕らは翌日、知らされることになる。

列車は予定通りにアラバン駅に到着した。大きなショッピングセンターに隣接した駅だった。ここで少し時間をつぶし、夕方の十八時二十分にタユマン駅を発車するビニャン行きに乗るつもりだった。ビニャンまで行く列車は、この一便しかなかった。そしてこの列車が最終だった。僕らは終点のビニャンで泊まるつもりだった。

アラバン駅の切符売り場は、掘っ立て小屋だった。なかに職員の女性が窮屈そうに座っていた。時刻表は小屋の壁にマジックで書き込まれていた。スケジュールが変わるたびに新しい時刻表を壁に書くものだから、どれが正しいものなのかさっぱりわか

小屋？　屋台？　違います。切符売り場です。時刻表は壁に手書き

古いアラバン駅。ビニャン行きが停まる。ちゃんと駅員もいる

らない。

「ビニャンまで」

すると職員の女性は、ホームにいた男性職員に声をかけた。

「切符を売ることはできますが、駅は違います。あそこに踏切が見えるでしょ。その向こうにある駅で乗ってください」

「駅名は？」

「あっちもアラバン駅。アラバン駅はふたつあるんです」

「……？」

八ペソ、日本円で十六円ほどのビニャンまでの運賃を払った。どうして同じ名前の駅がふたつ……不安を消せないまま、踏切を横切り、もうひとつのアラバン駅に立った。

古い駅だった。

その駅舎を見たとき、謎が解けた。

この駅が昔からあったアラバン駅だった。フィリピン国鉄は、コミューターラインをつくるとき、乗り降りがスムーズにいくように、列車の床の高さにホームを合わせるなどの工事を施した。やけに長いホームがあり、途中からホームが一段高くなって

線路は子どもたちのベンチになるんですね

いる駅があった。低いホームがかつてのホームなのだ。アラバン駅はそのスペースがなかったため、新しいコミューターライン用の駅をつくったようだった。

しかしそこで新たな疑問が生まれた。夕方の十八時二十分にタユマン駅を出る列車は、なぜ、古い駅を使うのだろうか。この列車だけ、コミューターラインと違うのだろうか。

コミューターライン用の駅のホームから見た線路を思いだした。コミューターラインに合わせて、フィリピン国鉄は線路も修復していた。しかしそれは新アラバン駅までで、ここから先は古い線路がそのままになっていた。それを見たとき、僕はつい中田氏と顔を見合わせてしまった。

「この線路の上を列車が走るのだろうか……」

天を仰ぎたくなるような線路だった。新しい線路はやや高い位置につくられ、そこからなだらかに傾斜して古い線路につながっていたのだが、その線路はところどころ土に埋まっていたのだ。とくに線路と線路のつなぎ目のところは一段と低くなり、地面にめり込んでいた。線路に降りて眺めると、左右にも歪んでいる。線路の周りには雑草が伸び、枕木は完全に隠れているところが多かった。

脱線——。二〇〇四年、このアラバン駅よりはるか先、ルソン島の南部で起きた事

写真中央までが整備された線路。その先は未整備線路。ここを進む。怖いだろ

故を思い出した。レガスピ発マニラ行き列車が脱線し、十三人が死亡していた。フィリピン国鉄は、「線路の盗難が原因」と発表したようだが、この線路を目にすると、ただ普通に走っていても脱線しそうな不安にかられる。なにしろ線路がところどころ、土に埋まっているのだ。

フィリピンに向かう前、かつてマニラに暮らしていた知人に、列車について聞いてみたことがあった。彼は一瞬口ごもり、こういったのだった。

「列車に乗ること自体、アドベンチャーですよ」

タユマン駅からアラバン駅までコミューターラインに乗りながら、いったいなにがアドベンチャーなのか、何回も首をひねっていた。ただの市内を走る列車なのだ。アドベンチャーとは、このアラバン駅から先のことをいうのかもしれなかった。

しかしあのひどい線路を走ることができるのは、どんな列車なのだろうか。土に埋まった線路をものともせず、歪んだレールにも対応する列車……。世のなかに、そんな列車はあるのだろうか。

十九時四十分すぎ、その列車は、すでにあたりが暗くなったアラバン駅に姿を見せた。これが十八時二十分にタユマン駅を発車した列車だった。その列車の先頭車両を見たとき、不安はさらに広がっていった。牽引していたのは、先頭に『ＰＲ』とフィリピン国鉄の略称がはめ込まれた旧式のディーゼル気動車だったのだ。

フィリピン国鉄は、コミューターラインの運行をはじめるとき、新型のディーゼル車を導入した。一見、ディーゼル車に見えないデザインで、韓国製なのだという。この新型車両はコミューターライン用に整備された線路を走るのだが、土にめり込んでしまった線路を走るのは得意ではないのかもしれない。やはりそこは、ひどい線路をしぶとく走ってきた百戦錬磨の車両の登場ということのようだった。

多くの乗客がアラバン駅で降りた。ホームが低いから、乗車口のステップに足をかけ、よいしょと登らなければならなかった。車内に入り、一瞬、足が止まった。暗くて通路や座席がよく見えないのだ。天井の電球がいくつか切れているらしい。しばらくすると、目が慣れてきた。ボックス型座席の車両だった。車内はすいていたから、そのへんの席に座ろうとして、再び足が止まった。シートがない座席や、あっても完全に傾いていて座ることができない座席が多かったのだ。普通に座ることができる座席を探して先に進んだ。するとぽっかりと空いた四角いスペースが現れて、また足が止まった。よく見ると、ボックス席全体が壊れてしまったようで、席そのものをとりはずしてしまった跡だった。

ボロボロの車両だったのだ。

それでもなんとか、座ることのできるボックス席がみつかった。席に座ると、やけに懐かしい感覚に包まれた。

この車両に乗ったことがある。

四十年以上前の話だ。当時、高校生だった僕は信州の松本に住んでいた。家族は父親の仕事の関係で長野市に暮らしていた。僕は長い休みになると、列車に乗って長野市に向かった。

そう、あのとき乗っていた車両……。急いで窓際のテーブルの下をのぞいた。あった。

そこにしっかりと日本の文字が読みとれた。

『センヌキ』

これは日本の車両だった。かつて日本の線路の上を走っていたのだ。車内の日本語を探した。乗車口周辺の壁に懐中電灯の光をあてた。

——スハフ12　111
——JR東日本
——昭和52年
——新潟鉄工所

ボックス席ごと壊れてできた車内の空き地。ビニャン行き最終便はぼろぼろ車両だ

日本から送られた車両の証。『センヌキ』の文字が懐かしい

日本語が次々にみつかった。昭和五十二年ということは、三十年以上も前につくられた車両である。日本で廃車になり、フィリピンに渡ってきたのだ。後でフィリピン国鉄に訊くと、二〇〇〇年に、このタイプの車両が二十六両、日本から無償譲渡されたのだという。ほぼ十年、フィリピンの線路の上を走り続けているわけだ。ルソン島南部のレガスピまで路線も走っていたのに違いなかった。

その間に、これほどまで車内は傷んでしまっていた。ひとつの車両で、満足に座ることができる椅子は半分もないのだ。車内を修理する資金や部品もないのかもしれないが、そこに座る日本人の僕は、どこか切ない思いに駆られるのである。

車内は目を凝らさないと通路を歩くことができないほど暗い。乗客の大半はアラバン駅で降りてしまい、この車両に乗っているのは三人ほどだ。まるで幽霊列車である。窓側の席に座り、暗いホームを眺めていると、『銀河鉄道９９９』に登場する列車に乗っているような気分になった。

列車はゆっくりとアラバン駅を発車した。そのとたん、窓枠の鉄格子に、パチンと火花が走った。なにごとか、と目を瞬いていると、ガクンと車体が沈むような感覚が伝わってきた。あの土に埋まった線路の上を走っているのだ。間もなくすると、車体が左右にゆっさゆっさと揺れはじめた。そう、震度四ほどの横揺れ地震の家にいるよ

タユマン駅に停まっていたボロボロの列車。この日の夕方、これに乗るとは思わなかった

2000年に日本から渡った車両、スハフ12系。これでも現役です。すごいことです

うな感覚だった。

脱線——。

覚悟をしなければいけないような揺れだった。

これまでもひどく揺れる列車は何回か体験している。ミャンマー（ビルマ）の列車もひどかった。スピードがあがってくると、突然、体が浮くような縦揺れに見舞われた。上下に波打つような線路の上を走っているのかもしれなかった。列車に乗って怖いと思ったのは、このときがはじめてだった。カンボジアの列車も、怖かった。

しかしいま乗っているこの列車のスピードは、ミャンマーやカンボジアの列車よりはるかに遅かった。日本の列車の感覚では徐行に近い。アラバンからビニャンまでは十一キロほどしかない。そこを四十分かけて進む。時速は十五キロにも達しない。あの線路では、これが限界のスピードなのかもしれなかった。それでも椅子のひじかけにつかまらないと体を窓枠にぶつけてしまいそうになるほど揺れるのだ。

ビニャンまでの間にサンペドロ、パシータ、ゴールデンという三駅に停まった。沿線には、ライトアップされた郊外型ショッピングセンターやレストランも見えるのだが、駅周辺だけが暗かった。乗り降りする客もほとんどいない。フィリピンのなかの、どこか異次元を走っているような気になる。やはりこの列車は銀河鉄道だった。

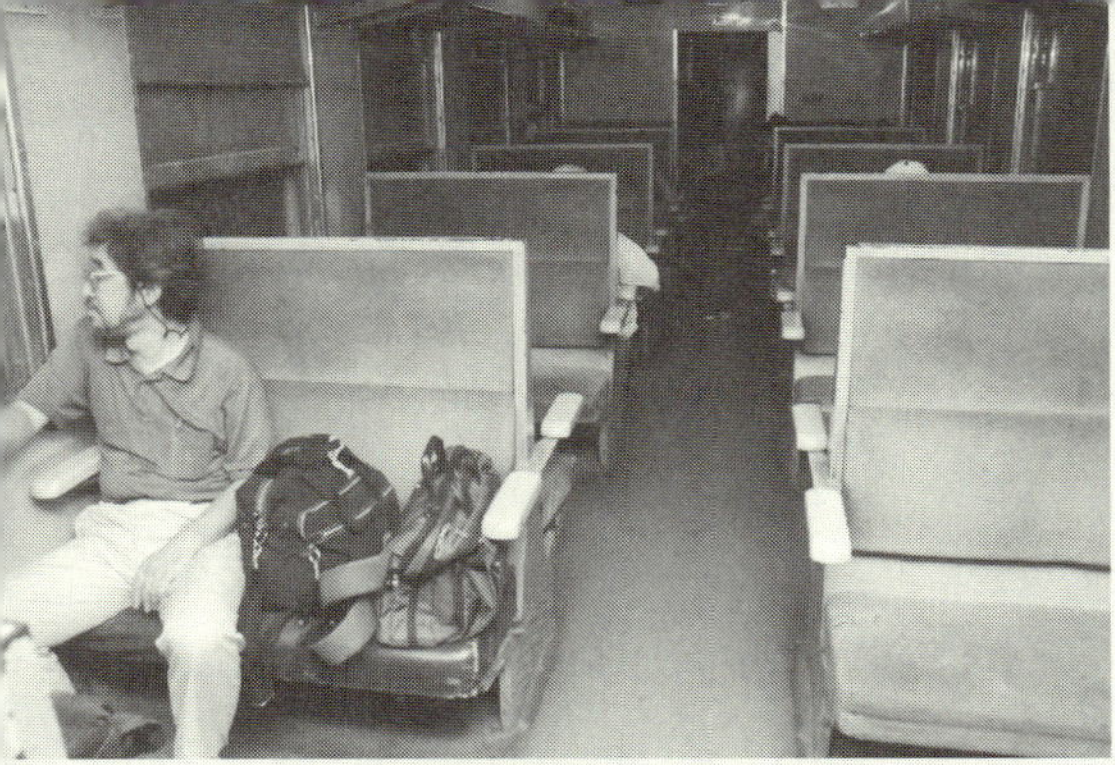

ストロボを焚いてやっと撮影できた車内。銀河鉄道ですな

終点のビニャン駅。忘れ去られたような駅に駅長がひとり

立つことができない揺れは終点のビニャン駅まで続いた。古くて暗い駅だった。一日一便しか停車しない駅だったが、駅長室は裸電球で照らされ、そのなかにがっしりとした体型の駅長らしき男がひとり座っていた。

到着したのは夜の八時二十分だった。この列車は翌朝の四時五十分にタユマン駅に向けて出発するというスケジュールだった。

「まだまっ暗ですよ」

カメラマンの中田氏が口を開いた。彼にしたら、明るい陽射しのなかで朽ち果てそうなこの列車を撮りたかったのだろう。

「タユマン駅まで一時間四十分だから、到着は六時二十分。今日の日の出から考えると、まだ暗い」

「暗くなってタユマン駅を発車し、明るくなる前にタユマン駅に戻る……。ボロボロの列車を人に見せたくないんじゃない？」

たしかにそんな運行スケジュールだった。

車掌から列車のなかで寝てもいいといわれた。一瞬、心が動いた。しかし九月のマニラはかなり暑く、たっぷりと汗をかいていた。やはりシャワーを浴びたかった。

連れ込み用のモーテルのような宿に泊まった。宿の前の交通量は多く、そこを走るジープニーに乗れば簡単にアラバン駅に戻ることができると教えられた。ビニャンを出発する列車は、朝の四時五十分にしかないのだから、それを逃すとバスかジープニーを利用するしかなかった。

ジープニーとは、ジープを改造したトラック型の路線バスだった。本来は市街地を走るものだったが、近隣の街まで路線を延ばしていた。ビニャンのモーテルの前で乗ったジープニーは、途中、高速道路を走り、二十分ほどでアラバンに着いてしまった。運賃は二十三ペソ、約五十六円である。列車は八ペソと安いが、一日一便しかなく、四十分もかかる。用事があってアラバンまで行こうと思えば、十分おきといった頻度でやってくるジープニーになってしまう。国鉄が衰退していく現実だった。

アラバンで乗ってみたい乗り物があった。昨夜、ビニャンに向かう列車を古いアラバン駅のホームで待っていたとき、その乗り物が目の前を走っていたのだ。それは竹でつくられたトロッコだった。十人ほどの人が乗り、後ろから車夫が押して進む。走るのは列車と同じ線路である。列車は三十分に一本ぐらいしか走らない。その間を縫って、この竹製トロッコが走っていたのだ。

ジープニーはコミューターラインのアラバン駅近くに着いた。そこから踏切を越えて、昨夜、ビニャン行きの列車に乗ったアラバン駅に向かった。竹製トロッコのターミナルは、こちらの旧駅だったのだ。

昨夜にも増して利用客は多かった。ショッピングセンターに買い物にきた帰りなのか、次々にトロッコは満席になり、出発していく。訊くとこの乗り物はトロリーと呼ばれていた。手押し車の意味である。乗客は一ペソ、二ペソといった運賃を車夫に渡している。行き先によって運賃が違うらしい。

するとマニラ市街地側から警笛が聞こえてきた。アラバン駅までの列車がやってきたのだ。そこから繰り広げられた光景を、僕は呆然と見つめるしかなかった。

警笛に慌てる人は誰もいなかった。皆、ゆっくりとトロリーから降り、線路の脇に移動した。列車のスピードを体で覚えているような身の動きだった。乗客が降りたトロリー。いったいどうするのかと思った。うろうろしていると、いくら遅い列車といっても衝突してしまう。近くにいる車夫たちが何人か集まり、トロリーを持ちあげて別の場所に移動させるのだろうか……。

そう思いながら眺めていると、トロリーがひょいと傾き、こちらにその底が見えたのである。

「ん？」

トロリー。見ているだけでも楽しい夢のような乗り物だ

本物の列車が通るときは、こうして立てかける。簡単なもんだ

見るとトロリーを傾けたのはひとりの車夫だった。そして両手で持ちあげると、一メートルほど線路から離れ、そこに手で支えながら立てかけたのだった。隣のトロリーも見た。傾けるときは、皆、片手だった。トロリーはそれほどに軽いつくりになっていたのだ。

やがて目の前を列車が警笛を鳴らしながらゆっくりと通りすぎていった。最後部の車両が通ると、車夫はまたトロリーをひょいと持ちあげ、ふたつの車輪を線路の上に載せると、パタンとトロリーを倒した。そしてまたひょいと持ちあげて調整すると、トロリーはきっちりとレールの上に収まったのだった。それを見た乗客たちは、近くからわらわらと集まってくる。彼らが乗り終わると、なにもなかったかのように線路の上を進みはじめたのだった。

「………」

僕は中田氏と顔を見合わせた。実に考えぬかれた乗り物のように思えたのだ。

車夫が手で押すというのは、前時代的に映る。簡単なエンジンを搭載すれば、車夫も楽だろうし、スピードもあがる。そんなエンジンがフィリピンにないわけではないだろう。しかしそういう動力を載せると、トロリーが重くなるのだ。列車が来たとき、片手でひょいと持ちあげることができなくなる。

僕は線路の上に降り、待機するトロリーを見せてもらった。僕でも簡単に持ちあげることができた。底には直径五センチほどの小さな車輪がついていた。脱輪止めもついていた。ブレーキもあった。それも実にシンプルで、上から体重をかけると、車輪を押さえつけるつくりになっていた。材質は軽い竹である。昼間は屋根がつき、日が傾くととりはずせるようになっていた。

とことんまで軽さを追求していた。こういうものを、いったい誰がつくったのだろうか。アラバン駅には五十台ちかいトロリーがあった。五十人を超える車夫たちが、この仕事で生きていることになる。

僕らも乗ってみることにした。

「どこまで行く?」

「終点まで」

「とくに終点ってないんだよ。線路は続いてるから。でもあんまり遠くは無理。そう、一キロほど先に橋があるけど、そこまででいいかい?」

「………」

たった一キロというのがちょっと不満だったが、なにしろ人力である。そう無理はいえなかった。

天にも昇るぐらいに快適だった。どういう車輪をつけているのかは知らないが、トロリーは滑るように線路の上を走っていく。揺れはほとんどない。はっきりいって列車より振動がない。屋根があるだけだから、気持ちのいい風がどんどん吹き込んでくる。車夫が頑張ってくれれば、十キロでも二十キロでも乗っていたい気分だった。

橋まではあっという間だった。そこで降りると、車夫はトロリーをひょいと持ちあげ、背負って百八十度向きを変え、再び線路の上に載せた。ここでしばらく客を待つ。するとまた警笛が聞こえてきた。先ほどアラバン駅に向かった列車が折り返してきたのだ。車夫は顔色ひとつ変えず、トロリーを立たせ、線路脇で列車をやりすごしたのだった。

僕らのほかに客がふたりほど集まり、トロリーはアラバン駅に戻りはじめた。途中で客を乗せるつもりらしい。五十メートルほど進むと、トロリーが停まった。駅方向からトロリーがやってきたのだ。トロリーが走る線路は、列車同様、単線である。上りと下りが出合ってしまうのだ。この路線では、アラバン駅から橋方向に向かうトロリー優先というルールがつくられていた。まず乗客が降り、次いで車夫がトロリーを線路脇に立たせ、アラバン駅からやってきたトロリーを見送った。これがけっこうかったるい。橋からアラバン駅に戻るまで、三回もトロリーから降りなくてはいけなか

風を切ってトロリーが進む。一度乗ったらやめられない

トロリーは古いアラバン駅を使っている。線路だけでなく駅も図々しく拝借

った。

　しかしよく考えてみれば、調子のいい乗り物だった。フィリピン国鉄が敷設し、保線する線路を勝手に使っているのだ。大目に見てしまうフィリピン国鉄も、いかにも南の国の鉄道である。このアラバンでは、線路どころか、アラバン駅すら使っているのである。

　日本のＪＲ職員がここに立ったら、目の前で繰り広げられる光景に言葉を失うはずだった。アイデンティティーが足許から崩れるような感覚にとらわれるかもしれない。しかし南の国では、なにひとつ波風がたたないのだ。

　フィリピン人の線路というものへの感覚も、日本のそれとはずいぶん違っていた。彼らにしても、線路は列車が走るところという認識はあるが、列車が通らない間は、ただの通路であり、空き地でもあった。アラバン駅周辺では、トロリーが金を稼ぐためのものでもあった。

　二日間、フィリピン国鉄やトロリーに乗った。毎日眺める線路上の風景は、気持ちがいいほど開放的で、ときに言葉を失うほど身勝手だった。

　タユマン駅からしばらくの間、線路はフィリピン最大のスラムであるトンドに隣接したエリアに敷かれている。少し前まで、線路ぎりぎりまで、彼らの家が迫っていた

マニラの子どもたちは、線路で遊び、線路で育つ

水も台車型トロリーで運ぶ。フィリピンの線路は大活躍だ

といわれる。国鉄の敷地に勝手に家を建ててしまうのだ。スクウォッターといわれる不法占拠だった。彼らにとって、線路の上は生活の場でもあった。洗濯物がはためき、食堂のテーブルが出、その横では水浴びをする男がいたりした。線路上はビリヤード場でもあり、子どもたちが凧あげに熱中する遊び場でもあった。

フィリピン国鉄はおおらかにその光景を見ていたが、限界というものもあったのだろう。最近、タユマン駅からひと駅目のブルメントリット駅までの間にあった不法占拠の家々は撤去された。しかし、線路の上は自由に使えるという彼らの発想が変わったわけではなかった。

線路から数メートルの間は空き地になったが、その先にはスラムの家々が建っている。これらの家には水道がないから、井戸水をバケツに汲み、それを各家庭に届ける仕事が生まれる。彼らが使っていたのが台車型トロリーだった。台車の上に水の入ったバケツを十個近く載せ、沿線の家々に届けていくのだ。

ブルメントリット駅近くでは、近くの食堂の炊事場が線路の間だった。このあたりは複線になっていて、その線路の間に、スープを煮込む大きな鍋が置かれ、下には薪が燃えていた。

列車から降りたら線路を歩いて家に帰るのは当然のことで、沿線の店も、線路に向

線路脇のスラムの入り口でひと休み。暇な人たちがなかからわらわら現れる

下町の青空食堂でフィリピン料理。こういうの、僕は好きです

LAS PIÑAS CITY

線路に迫っていた不法占拠の家は少しずつなくなり、不自然な空き地が出現

かってつくられていく。線路は通路であり、その上は勝手に使っていいという不文律は、彼らのなかにしっかり刷り込まれているのだった。鉄道と市民生活の共存ということなのだろうが、コミューターラインが便利な乗り物になるためには、本数を増やして、スピードもあげなければならない。いまは、頻繁に鳴らし続ける警笛と、時速三十キロほどのスピードで成り立つ関係は、いつの日か崩れていくのかもしれない。

アラバン駅からコミューターラインに乗ってタユマン駅に戻った。耳に痛いほど響く警笛の音を聞きながら、そんなことを考えていた。

タユマン駅に気になる車両が停まっていた。日本のブルートレインだった。いま、フィリピン国鉄の運行は、ビニャン駅までの二時間ほどの区間しかない。それも一日一本である。通常運行はアラバン駅までの一時間の区間だけなのだ。そこにブルートレインという夜行列車を走らせるわけでもないだろう。

到着したタユマン駅の二階にある本社のオフィスを訪ねた。エリート職員らしい若い職員が説明してくれた。

「いま十台のブルートレインが日本から届きました。今後、次々に日本から送られてきます。トータルで百台。日本からの無償譲渡です」

日本の夜行列車はしだいに減ってきていた。新幹線が延び、夜行列車に頼る必要が

日本から最近届いたブルートレイン。土に埋もれた線路を走ることができるのか

なくなってきているからだ。夜行列車を運行させるには、多くの労力がかかるとも聞いた。途中の通過駅の職員も、運行の安全のために起きていなくてはならないのだ。使われなくなったブルートレイン車両は、アジア各国に譲られている。タイでもそんな話を聞いた。そのひとつにフィリピンの国鉄も含まれていたのだった。

しかし、いまのフィリピン国鉄の路線はあまりに短い。

「ビニャンまでブルートレインを使うわけじゃないでしょ」

「そりゃ、そうですよ。あまりに短くて、夜行列車が走るほどじゃないです。走るのは、ビコールライン。タユマン駅からナガ、レガスピ方面を走る予定です。マニラからは四百キロ以上の距離ですから。それに北へはスービック方面も」

「いつ頃?」

「来月には運行を開始します。はじめに届いた十台は調整も終わってますから」

「来月?」

僕は昨夜、アラバン駅からビニャンまで乗った列車の揺れを思いだしていた。そして昼、目にした土に埋まり、歪んだ線路が脳裡に浮かんできた。ブルートレインは、あの線路を走るというのだろうか。時速十五キロにも満たない速さでのろのろと走れば、なんとか四百キロの距離もこなすことができるのだろうか。

この線路もブルートレインが走ることになる。本当に？

僕は列車運行の専門家ではないから、詳しいことはわからない。しかしあの線路はどう見ても、列車がその上を走るような代物ではない。

フィリピンの列車に乗ってから三ヵ月がすぎた。ビコールラインにブルートレインが走ったという一報はまだ届いていない。

線路を歩いて、女子学生が帰宅していく

旅のデータ フィリピン マニラからビニャンへ

●フィリピン国有鉄道

公式 HP http://www.pnr.gov.ph/

【路線】 フィリピン国鉄は現在、コミューターラインだけである。本文でも紹介しているように、コミューターラインも、2010 年 9 月の取材時点ではマニラのタユマン（トゥトゥバン）駅から南方向のビニャンまでしか運行していない。ほとんどがビニャン手前のアラバンまでで、タユマンからビニャンまでは 1 日 1 便だった（ビニャンからタユマンまでも 1 日 1 便）。今後、北方向や長距離路線も復活する予定というのだが。

【時刻表】 フィリピン国鉄の公式サイトに載っている。英語だが、トップページの SERVICES から Metoro Commuter を選ぶと、マニラ（トゥトゥバン）～ビニャンまでの時刻表の表示先が出てくる。ただし信頼度はいまひとつ。当日に変わったりすることがあるので、最終的には駅の窓口ということになる。

【切符の種類と買い方】 英語になってしまうが、切符売り場で駅名を告げるだけで簡単に買うことができる。路線も 1 本で、急行など早い列車もないので、なんの問題もない。

　最終便のビニャン行きは、駅によってはホームがずれたり、旧駅のホームを使うことがあるので、切符を買うときに確認したほうがいい。

　かなり混み合うが、座席指定のあるような列車ではないので、当日に切符を買ってなんの問題もない。

■運賃〈2010 年 10 月乗車時データ〉

●タユマン――アラバン ………………… 20 ペソ

●アラバン――ビニャン ………………… 8 ペソ

フィリピン通貨 1 ペソ=約 2 円　　**総額約 56 円**

第七章

中国東北部

大連から長春へ

旧・満鉄で訪ねる『偽満州国』

2010年11月取材。1中国元＝約13円換算

中国東北部
ハルビン↗
長春
吉林
通遼
中国国鉄京哈線・哈大線
四平
内蒙古自治区
鉄嶺
瀋陽北
瀋陽
中華人民共和国
錦州
盤錦
中国国鉄瀋大線・哈大線
遼東湾
大石橋
渤 海
熊岳城
遼東半島
丹東
新義州
朝鮮民主主義
人民共和国
瓦房店
普蘭店
金州
大連
旅順口
黄 海
平壌
N
100km

満鉄付属地――。

租借地でもなく、かといって中国の土地でもないこの不思議な存在を、『朝鮮 満洲 支那案内』（鐵道院、丁未出版社）というガイドブックではじめて知った。一九一九年（大正八年）に発行されている。

現在の瀋陽《シェンヤン》、かつての奉天《ほうてん》のページを開く。そこにはこう記されている。

――奉天市街は先づ之を満鐵附屬地、開埠地及城内の三區界に分かつべし。【満鐵附屬地】は市の西郊一帶を占めて略々長方形の一廓を成し、其の市外は奉天站を起點として放射状の大路を開けり。

このガイドには、モノクロだが、かなり精密そうな地図がついていた。僕らはホテルのベッドの上でその地図を広げ、その横に瀋陽駅前で買ったいまの瀋陽市街地図を広げていた。

「このあたりが付属地か……」

いまの瀋陽地図に、付属地の外郭を書き込んでみる。駅前から広がる繁華街がすっぽりと入ってしまう。parkson、新世界、伊勢丹といった大きなショッピングセンターやホリデイ・インといった外資系ホテルもそのエリア内だった。そして今晩、僕らが泊まっている遼寧賓館《リャオニン》もそのエリアのなかにあった。このホテルは満鉄が経営

大連港から大連駅に貨物用線路が延びる。この線路は当時のまま？

していた旧ヤマト・ホテルである。

そもそも付属地という土地をつくったのは旧ソビエトだった。弱体化した中国につけ込み、ソビエトは中国東北部に鉄道を敷設していく。この鉄道を運営していたのが東清《とうしん》鉄道だった。

日露戦争に勝った日本は、遼東《リャオトン》半島の一部の租借権を得る。そのエリアのなかに大連《ターリエン》や旅順《リューシュン》が含まれていた。同時に、東清鉄道の長春《チャンチュン》以南の利権を得る。その運営のためにつくられたのが南満州鉄道、満鉄と呼ばれた国策会社だった。満鉄が手にした長春以南の権利には、付属地も含まれていた。

付属地はそのインフラの整備や運営を東清鉄道が行い、そこに住む人々からは税金を徴収するシステムになっていた。付属地にはソビエト風の街並みができあがっていった。中央にロータリーがあり、そこから道路が放射線状に延びていく構造である。モスクワの街と似ていた。ヨーロッパにも、この形が多い。いってみれば、欧風の街だった。

満鉄はこの街もそっくり引き継いだわけだ。そこに日本人が次々にやってくる。付属地内には、日本風の店や食堂などがオープンし、日本の郵便局、銀行も支局や支店を出していった。

『朝鮮 満洲　支那案内』の地図といまの地図を照合してみる

かつての日本橋は勝利橋になった。橋の老朽化は進んでいた

『支那案内』によると、当時、瀋陽の付属地内の人口は七千人に達していた。付属地内では日本円を普通に使うことができた。『支那案内』でも、両替の案内が出てくるのは長春である。長春から先に行くとき、はじめて両替が必要になってくるのだ。

満州侵略の拠点は、遼東半島南部だった。しかし日本は付属地という橋頭堡《きょうとうほ》を持っていた。このエリアを足がかりに、北へ、北へと進んでいったのだ。

この付属地を中国のローカル列車で進んでみることにした。ガイドは『支那案内』である。

大連発の列車を調べてみた。時刻表の見方は、北京から上海へのローカル列車の旅で身についていた。六千~七千番台の番号がついた列車が鈍行である。しかし大連から瀋陽の路線にこの番号はみつからなかった。選んだのは二千番台の普通快速の硬座だった。瀋陽まで六時間弱の距離だが、二十八元、三百六十円ほどしかかからない。

乗り込んだのは昔ながらの硬座車両だった。通路を挟んで左右に六人と四人のボックス席。はじめのうちは掃除もいきとどき、秩序らしきものもあるのだが、しだいに席のない乗客でごった返してくるはずだった。

列車は定刻に発車した。

大連駅から瀋陽行きに乗る。濃い緑色の旧式車両だった

僕は車内で『支那案内』を開く。いまのガイドブックでは少なくなってしまった沿線ガイドもしっかり載っている。当時と駅名はほとんど変わっていないから、ガイドブックとしても十分に通用する。

金州《チンショウ》、普蘭店《プーランティエン》と列車は停まっていく。普蘭店の項にはこう書かれている。

――我關東州租借區の北端（其の境界は驛北二哩餘に在り）にして西はアデレース灣に出て渤海に通ずべく（後略）

関東州とは遼東半島南部のことだ。つまり租借地は、この普蘭店のすぐ北までだったのだ。車窓に視線を移す。もちろんその境界がはっきりわかるわけではないが、列車が渡る川を眺めながら、ここだろうか……などと大正八年の旅に思いを馳せてみる。

刈りとりのすんだ畑が続き、農家の屋根の煙突からは薄い煙がたなびいている。石炭で部屋を暖めているのだろう。シベリア寒気団から吹き込む風は氷点下にも達しているのかもしれなかった。

車内は暖房が効いていたが、瓦房店、熊岳城と列車が停車するたびに、无座、つまり座席のない人々が大きな荷物を背負って乗り込み、通路は歩くことが大変なほど混みあってきていた。

はじめはこのくらい整然としている硬座車内。はじめだけです

潘陽行きには食堂車も連結。ひと皿10元以上。街の食堂より高い

South

さまざまな人で埋まる硬座は、中国版“ノアの箱舟”に思えてくる

列車は大石橋《ターシーチャオ》に到着した。『支那案内』にはこう書かれている。
――營口支線への乗換驛にして、元は營口岫巖街道の一宿驛に過ぎざりしも鐵道開通後次第に殷賑を加え、附屬地内人口約千六百、隣接村落を合すれば二萬一千餘を算すべし。

この駅からもかなりの乗客が乗り込んできた。日は西に傾き、地平線がくっきりと黒く浮きあがってくる。以前、北京で中国語を学んでいた日本人女性と会ったことがある。彼女はすでに七十歳を超えていた。
「大連の近くで生まれたんです。七歳までいました。引きあげた後はずっと日本だったんですが、歳をとって、無性に地平線に沈む夕日が見たくなっちゃって。原体験っていうんですか。幼い頃、外で遊んでいて、毎日のように夕日を眺めていたんです。まっ平の高粱《こうりやん》畑の向こうに、ゆっくりと日が沈んでいくんです。それを思うと、じっとしていることができなくなって……」

最後は悲惨な引きあげに巻き込まれてしまうが、子どもの目に映る満鉄沿線の付属地の生活は平和だったのかもしれない。歴史は流れたが地平線や夕日は変わらない。今日は車内を茜色に染めるほどの夕焼けである。列車はその日を受け、ゆっくりと北上する。

彼らは今晩、どういう体勢で寝るのだろうか。考えただけで気が滅入る

座席のない人たちは通路と連結器に立つ。席が空くチャンスは少ない

瀋陽に着いたのは夕方の六時半近かった。

宿も『支那案内』に頼ることにしていた。

──ヤマト・ホテル　滿鐵會社の經營に係り、奉天驛樓上に在り。宿泊料は歐式にして、室料二圓五〇以上各等差あり。食事料朝食一圓、晝食一圓五〇、晩餐一圓七五なり。

満鉄経営のヤマト・ホテルは、奉天駅、つまり瀋陽駅の上にあると記されていた。瀋陽駅の建物は当時のままだったが、そこにあるはずのヤマト・ホテルはなかった。このガイドが発行された十年後、付属地内のロータリーに面してヤマト・ホテルの新館がオープンした。いま残っているのは、その新館のほうだった。僕らはそこに泊まってみることにした。

暗くなった中山路を進むと中山広場というロータリーに出た。中央に毛沢東像が立っていた。このロータリーに面して遼寧賓館があった。これがヤマト・ホテルの新館だった。

「ツインで三百五十八元です」

フロントの女性が口にした値段に耳を疑った。その立地や建物の立派さからすれば五百元近くはすると思っていた。三百五十八元は日本円にすると四千六百円ほどであ

毛沢東の像を見たのは久しぶりだった。瀋陽の中山広場にて

る。

瀋陽にも設備の整った新しいホテルが次々にできていた。中国人はおそらくそういうホテルが好みなのだろう。ましてやこのホテルは、日本が建てたホテルである。嫌う人もいるのかもしれない。そのあたりが宿泊代にも投影されていた。

「見学する人は多いんですけど、泊まる人はあまり……」

そういうことだった。

翌朝、付属地探索をはじめた。

ホテルの近くに公園があるはずだった。『支那案内』の地図に記されている。その場所に立ってみる。しかしその中央に道が通り、建物が並び、公園は跡形もなく消えていた。その隣にあった奉天小学校は第一〇八中学になっていた。しかしその前を進むと、石づくりの建物があり、その外壁に『原奉天自動電話交換局大楼』という表示をみつけた。視線をあげると、『ChinaUnicom』という会社名が掲げられていた。中国の電話会社である。しばらく進むと、中国郵政があった。郵便局である。その建物のレトロな雰囲気がピンときた。壁を探すと果たして『奉天郵便局旧址』という金属パネルが貼られていた。

「電話交換局が電話会社、郵便局は郵便局。そういう使われ方なんだろうか」

瀋陽の遼寧賓館はヤマト・ホテルの原型を最も残しているという

僕らは石づくりの古い建物を探して歩きまわった。そんな建物は、遼寧賓館がある中山広場のロータリーに集中していた。中国工商銀行の建物には『横浜正金銀行奉天支店旧址』というパネルが貼ってあった。興業銀行の建物は華夏銀行になっていた。東洋拓殖株式会社奉天支店は、いったん関東軍司令部になったが、いまは盛京銀行である。建てられたときの業種のまま使われているのだ。

満州医科大学は中国医科大学附属第一医院になっていた。もっとも古い建物の後ろに、二十階以上もある新しい病棟がどんと建てられていた。中山広場に面して公安があった。その建物はどう見ても戦前のそれだった。中国語ができるカメラマンの中田氏が訊きにいった。

「昔の奉天警察署でした。なかに入っちゃいけないって怒られましたけど……」

中山広場のロータリーを囲む建物のなかで、『日満空軍大楼旧址』という建物だけ、いまの使われ方がわからなかった。空きビルになっているのかもしれなかった。

実は大連でも、日本統治時の建物を訪ねていた。やはり中山広場というロータリーの周りにそんな建物が多かった。旧ヤマト・ホテルは大連賓館というホテルとして使われ、横浜正金銀行は中国銀行、旧満鉄本社は大連鉄道と同じ業種が使っているところもあった。しかし旧大連市役所は中国工商銀行、旧大連警察は遼寧省の貿易関係の

『支那案内』を頼りに日本時代の建物探し。これ、はまります

これが旧奉天郵便局。いまは中国郵政。そのままなんですな

役所になるなど、瀋陽ほど一致してはいない。それよりも中山広場は大規模な工事のまっ最中で、当時の面影に浸る雰囲気でもなかった。それに比べれば、瀋陽は、みごとなほどに日本が引き継がれていた。

瀋陽に残された日本に戸惑いも感じとっていた。太平洋戦争の終結は、形としては中国の勝利だった。大連にある日本橋は、その後、勝利橋と名前が変えられている。当時の中国は、中国共産党と中国国民党の内戦が続いていたが、国と国という見方をすれば、日本の敗戦であり、中国の勝利だった。

やがて中国共産党が実権を握り、中国に残された日本は完全に否定されていったはずだった。中国共産党は、中国の国づくりに反日感情を巧みに使っていった。

南京に『南京大虐殺紀念館』がある。日本軍が南京侵攻のときに行った行為の数々を集めている。この展示内容には、日本のなかでもさまざまな意見があるが、中国はここを愛国主義教育のひとつの拠点にしている。日本に痛めつけられた事実を示すことで、中国人の愛国心を鼓舞しているのだ。反日感情は中国をまとめ、発展させていく道具でもあった。

この政策は怖いほどうまくいった。日本と中国の間には、いまでもさまざまなトラブルがある。僕が大連や瀋陽を訪ねたときも、尖閣諸島をめぐる領土問題が起きてい

日本の昔の銀行の雰囲気を味わいたいなら瀋陽へ（中国工商銀行）

中山広場のロータリーは、日本時代の建物が囲んでいる

た。北京では抗議デモが日本大使館に向かった。中国での反日運動は、人々の不満のガス抜きにもなっているが、その背後には、反日運動なら政府はデモも黙認するという不文律がある。愛国無罪なのである。

そういった報道を見聞きしている身としたら、旧ヤマト・ホテルをホテルとして使い、郵便局が中国の郵便局になり、横浜正金銀行を中国工商銀行にしていくことに違和感を覚えてしまう。本来なら、日本統治を物語る建物を崩し、そこにホテルや銀行を建てるべきではないか……と思うのだ。かつての中国にはそんな資金はなかったということなのかもしれないが、少なくとも、かつての銀行を別の業種が使うといった反発があってもいいような気もするのだ。

この一帯の街は旧ソビエトがつくった。ロータリーから放射線状に道が延び、その途中に公園がある。その街のインフラを整えていったのが日本だった。中国はしっかりその上に乗り、一方で反日感情を愛国心に結びつけていく。潔さを美徳にする日本人には、どこかしっくりとこないのだった。

レンガづくりの瀋陽駅は、東京駅を小型にしたような建物だった。

――奉天には滿鐵の奉天驛、京奉鐵路の瀋陽、及皇姑屯三車站あり。皇姑屯は郊外西方に偏在せるを以て、一部支那人の外一般旅客に要なし。

瀋陽駅の外観は、
日本時代の奉天駅
そのままだ。東京
駅にも似てる？

２階建て車両に胸が躍った。５分後には溜息をついていた

『支那案内』にはそう記されている。満鉄の奉天駅がいまの瀋陽駅になった。

前日の夜、長春までの切符を買ってあった。この路線でも六千番台の各駅停車は望めなかった。大連から瀋陽に向かったときと同じ二千番台の普通快速だった。四十一元、約五百三十円の硬座切符だった。受けとった切符を手に、僕らは首をひねった。

「少し高くない？」

「そう。瀋陽から長春までは四時間ほどでしょ。大連から瀋陽までより二時間も短いのに十九元も高いんです」

「それに座席番号の『下』って……」

「下ってなんだろうね」

「ひょっとしたら、寝台車を使うんじゃない。寝台は上、中、下に分かれているから、その下。夜は寝台になるけど、昼は座席に使うとか」

「……とすると、かなりゆったり？」

中国でそういう期待は抱かないほうがいいことは、何回となくこの国を訪れ、痛いほど味わっていた。しかし中国の変化は激しいし、運賃がやや高いということに、これまでの辛い記憶も忘れてしまうのである。

『下』の疑問は消せないまま、僕らは瀋陽駅に入った。入口は満鉄の建物だから、ステンドグラスがはめられた欧風のつくりだった。しかしその大きさでは現代中国に対応できず、ホームをまたぐ形の建物が増築され、そこに広い待合室がつくられていた。乗車する列車ごとに並び、服務員の指示でホームに降りることができる。

発車十五分前、服務員が現れた。座席指定なのだが、なかには席のない乗客もいる。多い荷物を積み込む場所を確保したい人もいる。中国の列車に乗るときは、いつも押しあい、圧《へ》しあいの戦争である。僕らも人の波にもまれながらホームに入った。

これまで乗ってきた車両とは色が違っていた。大連から瀋陽まで乗った車両は、昔ながらの濃い緑色のボディーだった。しかしホームに停まっている車両のボディーは、ベージュとオレンジ色で塗られていた。なんとなくアカ抜けたイメージだ。そしてその車両の形に一瞬、足が止まった。

二階建てだったのだ。

下段に乗り込んだ人の顔がホームの高さに見える。二階の座席も見えた。切符に書かれた『下』の意味は、その瞬間に氷解した。座席には白いカバーがかけられていた。それがどういう角度で僕の目に入ったのかわからないのだが、後ろに倒れるように見えたのだ。

リクライニング？

いつも硬座や硬臥という二等客車に揺られる身としたら、それは夢だった。なにしろ大連から乗った列車より運賃がかなり高いのだ。リクライニングになってもいいではないか。

しかし再び押しあい、圧しあいを繰り返して車内に入ったとたん、それが叶わない期待であることを教えられた。やはり中国だった。シートの背は、上端の部分だけ人ひとり分に区切られていたが背があたる部分はつながっていた。そして構造は、これまで乗ってきた硬座の座席とまったく同じだった。通路を挟んで左右に四人と六人のボックス席なのである。つまり僕の席の後ろには、ほかの乗客が座るのだ。僕の座席がリクライニングになっていて、後ろに倒したとすれば、後ろに座る人は前屈みになってしまうのである。

「………」

僕は車内の階段を降り、下16番に座った。若干、クッションがいいような気もしたが、これまで乗ってきた座席と大差はない。次々に乗客が乗り込み、車内はあっという間に満席になっていく。

列車は綏芬河行きだった。ロシア国境の街である。瀋陽北駅でさらに多くの人が乗り込み、鉄嶺、四平と駅に停まるごとに混みあってくる。上段、下段への階段にも座

椅子の背はひとりづつ区切られているが狭さは旧型車両と一緒。硬座ですから

この列車はロシア国境まで夜通し走る。もう睡眠モード（瀋陽―長春）

席指定のない人がぎっしりと座り、トイレに行くのも大変になってきた。座席は、ちょっとデザインが変わっただけで、これまでの硬座席と広さは変わらない。一時間、二時間と列車に揺られると、しだいに辛くなってくる。昔ながらの硬座となにひとつ変わらないのだ。

腑に落ちなかった。僕はトイレに行ったついでに、座席数を数えてみた。上段と下段を合わせて百七十八席。従来の硬座車両に比べて五十席ほど多い。

ただの増収策？

そう思うと、肩の力がガクリと抜けてしまった。乗客を一瞬、驚かす二階建て車両をつくり、そのボディを明るいベージュとオレンジ色に塗る。座席は頭にあたる部分を狭くして、一見、各座席が独立するように見せる。そのすべてが見た目をとり繕っただけで、内実はなにひとつ変わらないのだ。しかし、しっかりと追加料金をとる。座席数が増えただけでも増収になるのだが、中国の国鉄は貪欲である。騙されているのは乗客だけなのだ。

車窓の風景はますます冬の色を濃くしていった。瀋陽ではしばらく前に降った雪が融け、路地裏ではそれが凍りついていたが、瀋陽を出発して二時間もたつと、根雪の世界に入り込んだ。刈りとった後の高粱畑に積もる雪はしだいに深くなっていく。裸

長春に着いた。初期の満鉄もここが終着点だった

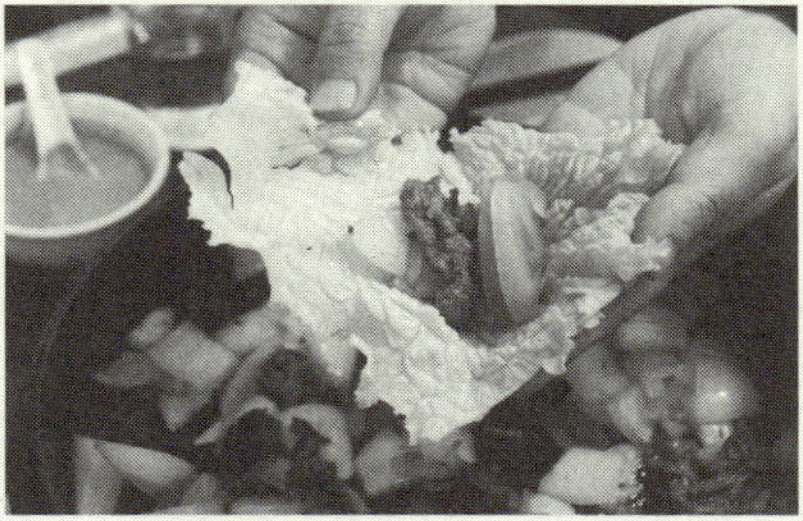

長春で1泊。夕食は東北中国の名物焼肉。朝鮮焼肉にどこか似ている

木の間を吹き抜ける風は肌を切るほどに冷たいのに違いなかった。

長春駅に着いたのは夜の七時をまわっていた。駅は改修工事のただなかだった。しばらくすると、長春駅は十階建て以上のビルに生まれ変わるようだった。

『支那案内』では長春駅をこう記している。

——南滿鐵道の終端驛にして東清、吉長等三路線の接續驛なるを以て、其の孰れより来る者も一旦當車站に降り立ち、而る後前途の列車に乗換へざるべからず。（中略）【両替店】哈爾賓方面行の旅客は此處にて多少露貨を準備し行くを便す。

このガイドが発行された一九一九年、満鉄はここまでの権利しか持っていなかった。いってみれば、日本はここまでで、その先はロシアの貨幣が通用する世界だったのだ。

翌日、僕らは長春市内を歩いた。そこで手にした『支那案内』が参考にならない街が長春であることを教えられた。一九一九年以降、日本はさらに深く東北中国に分け入り、長春を新京《しんきよう》と改め、満州国の首都にしていく。長春に残された日本は、このガイドに記された世界より生々しく戦争の時代を投影し、のんびりと列車旅を楽しむ余裕すらなくなってしまうようだった。

僕らはとりあえず、『支那案内』に示された付属地を歩きはじめた。しかし、旧関東軍指令部や東本願寺などは、すべて付属地の南側に広がっていた。日本の支配は、満鉄、そしてその付属地という概念を超え、長春全体に広がったのである。
『支那案内』が発行された後の、満州や満鉄の動きはこうなる。
一九三一年　柳条湖事件を機に満州事変が勃発
一九三二年　満州国成立
一九三三年　国際連盟脱退
一九三五年　満鉄は長春以北の東清鉄道をソビエトから買収
一九四二年　満鉄は本社を大連から長春に移転
僕が目にした長春の日本は、この時代がにじんでいた。かつての西公園、いまの勝利公園の脇を歩いて『旧関東軍司令部』に向かった。松の木の林の向こうに、天守閣が見えてきた。なんだか日本の城下町を歩く気分である。雪がかたまった道を進むと、その全容が視界に入ってきた。まさに日本の城だった。
「これがかつての関東軍司令部？」
「城だったわけ？」
「日本支配の象徴だったんだろうか。それとも戦国の武将気どり？」
「でも、これって日本がつくった最後の城じゃない？」

「天守閣の復元はあったかもしれないけど、こういう規模の城は、きっと最後だよ」

僕らは城郭に沿って凍りついた歩道を曲がり、その正面に立った。そこには『中国共産党吉林省委員会』という大きな看板が掲げられ、門の両脇には直立不動の公安が立っていた。中田氏がカメラをとりだすと、注意する厳しい声が響いた。

その感性に薄気味悪ささえ覚えた。日本の城……旧関東軍司令部跡を中国共産党が使う。それは日本に勝ったことの証なのかもしれないが、なにか同質の支配構造も見えてきてしまうのである。道を挟んだ建物に『富民強省』という大きな垂れ幕が掲げてあった。人々に『富国強兵』と鼓舞した国の発想と、怖いぐらいに似ているのだった。

僕らはそこからさらに南へ向かった。タクシーを拾った。地図で見るかぎり、そのエリアは長春郊外にも映る。

そこはまさにテーマパークだった。国家というものの遺構が都市計画のもとに整然と並んでいた。

一九三二年、この土地に満州国が成立する。きっかけは満鉄の線路の爆破だった。関東軍は圧倒的な軍事力で満州を支配し、満州国を打ちたてる。これに対し、中国を代表することになった中華民国は国際連盟に提訴。国際連盟は、イギリス人のリット

これが旧関東軍司令部の建物。いまは共産党吉林省委員会が使っている

共産党吉林省委員会の周囲を公安が警備にあたっている。物々しい

ンを団長とする調査団を派遣する。その報告は、「満州を中国に返還した上で、日本を含めた外国人顧問の指導下で自治政府を打ち立てる」というものだった。

一九三三年、国際連盟は、リットンの報告書の採択審議に入る。日本はもちろん反対し、残りの四十三ヵ国のうち、タイが棄権したものの四十二ヵ国が賛成。これを機に日本は国際連盟を脱退し、太平洋戦争への道を一気に進むことになるのだ。

しかしその間も、日本は満州国づくりに邁進していく。そして満州国の中枢を長春に築いていくのだ。

総理官邸の前に広場がつくられ、そこから幅の広い一本の道が南に向かって延びていた。その両側に、満州国の行政機関の建物が等間隔で続いていく。まっ白い紙に描いた都市計画図を、そのまま地上に落とし込んでいったような街だった。そこには中国人の農地があったのかもしれないが、日本はそれをものともしない権力を持っていた。

広場に最も近い一画に、満州国の最高行政機関である国務院が完成したのは一九三六年だった。日本が国際連盟を脱退してから三年後のことだ。この建物は関東軍司令部や長春駅と地下道でつながっていた。鉄筋コンクリートの建物は、いまもしっかり残っている。正面から眺めると、日本の国会議事堂のような威風が伝わってくる。し

満州は禁句。「偽満」といわないといけない。交通部旧此は吉林大学公共衛生学院に

かつての満州国務院は国会議事堂のような威風。いまは吉林大学白求恩学院に

かしその入口の門にはめられた金属パネルには、こう書かれている。

『偽満州国国務院旧址』

中国にとって、満州国は偽りの国だったのだ。僕は手袋をはめ、ときどき頬や耳を押さえながら、いまは新民大街という名前になったメイン通路を歩いた。軍事部旧址、司法部旧址、交通部旧址……と次々に、満州国の行政機関の建物が現れた。しかし入口のパネルには必ず、『偽満』とか『偽満州国』と記されていた。中国にとって、それは固有名刺として定着しているようにも映るのだ。満州国があったのではなく、偽満州国があった……と。

世界の歴史から見れば、満州国は幻のような存在である。国務院の建物が完成してから九年後、日本は敗戦に追い込まれ、日本人たちはこの建物を後にして南に敗走しなければならなかった。満州国の誕生から終結まではあまりに短く、偽りの国といわれてもしかたなかった。

しかし日本軍にしたら、それは夢の実現でもあった。その夢はときにグロテスクにも映るのだが、こうして建物を見上げると滑稽でもある。戦争というものは常に悲惨で、人々の生活を根こそぎ奪ってしまう残忍さを持っている。満州国にしても、この国を建設するために多くの中国人が犠牲になり、開拓民として満州に渡った日本人た

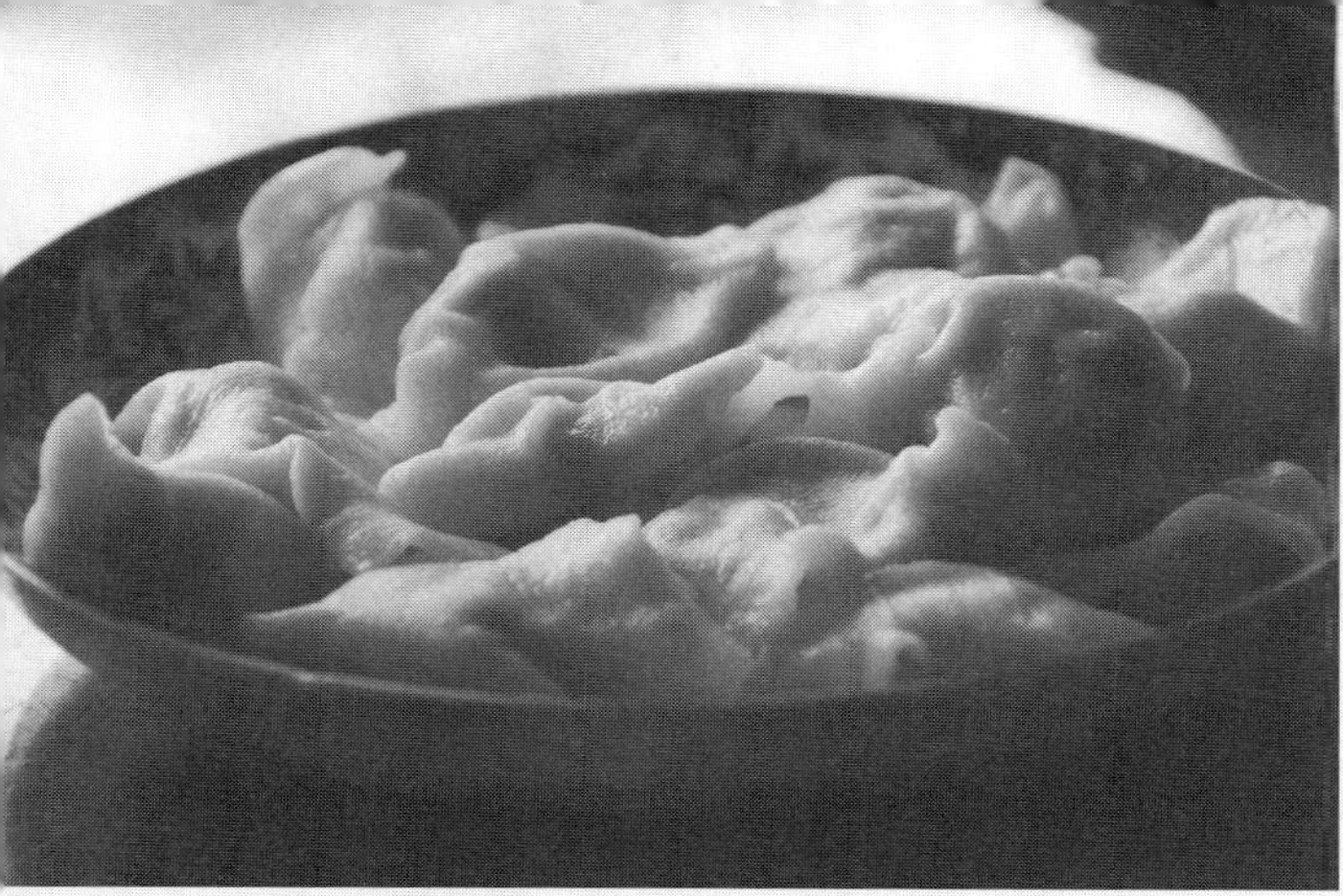

東北中国の名物料理といったら餃子。ご飯代わりに頬張って正解

旧総理官邸前の広場では中年のおじさんたちが凧揚げ遊びをしていた

ちの多くは置き去りにされ、引き揚げの悲劇に巻き込まれていく。しかし国際社会に主張するためのとり繕った満州国づくりは、どこかゲームのようでもあり、寒風のなかに屹立する遺構は、テーマパークにありがちな張りぼて風の建物に映ってしかたないのだ。

日本軍がつくった遺構の多くはいま、吉林《チーリン》大学として使われていた。いくつかは大学の医学部付属の病院になっていた。旧総理官邸前の広場では、中年の中国人おじさんたちが凧あげに集まっていた。中国での凧あげは、ストレスを溜め込んだおじさんたちの遊びだった。シベリアから吹き込む強風を孕《はら》んで、凧は気持ちよさそうに、冬の空に浮かんでいた。

旅のデータ　中国東北部　大連から長春へ

●中華人民共和国鉄道部

公式 HP http://www.china-mor.gov.cn/

【路線】 中国の列車全般については、第五章「北京から上海へ」を参照。大連から長春に向かう列車は1日に十数本ある。どれも瀋陽には停車する。この区間は2010年11月現在、新幹線にあたる動車組は走っていない。特快、快速のほか2000番台の普通快速が走っている。

【時刻表】 大連駅でざっと見た限り、『全国鉄路旅客列車時刻表』は販売されていなかった。時期によっては売られている可能性もある。乗車する路線が決まっているので、中国語のサイトだが「中国鉄路旅客列車時刻表」（http://www.abkk.com/cn/train/index.asp）が有効かもしれない。

【切符の種類と買い方】 時期にもよるだろうが、僕らが乗った通常期はそれほど混んではいなかった。当日に切符を買うことができた。本数も多いので、2～3候補をメモで渡せば、どれかに乗ることができる感じだった。

　とくに大連始発、瀋陽始発の列車が買いやすい。列車は寝台（軟臥、硬臥）と座席（軟座、硬座）に分かれるが、距離が長くないので寝台をとる必要はないだろう。

　旧満鉄時代の名残は、この沿線に数多く残っている。途中駅で降りるのも面白い。路線は違うが丹東は、北朝鮮と接している街。満鉄時代、朝鮮経由の列車はここで中国に入国した。この街をスタート地点にしてもいい。

■運賃〈2010年11月乗車時データ〉

●大連―瀋陽　28元

●瀋陽―長春　41元

中国通貨1中国元=日本円約13円　**総額約900円**

あとがき

車窓にアジアがあった。

これまでも何回か、アジアの鈍行列車には乗っていた。しかしそれは鈍行列車に乗ることが目的ではなく、たまたまその路線にのんびり列車しか走っていなかったということが多かった。

あまりの遅さや、待ち合わせ停車にげんなりすることは多かった。しかし五時間、六時間、ときには一日と列車に揺られていると、アジアの空気が、汗腺を通して、じわり、じわりと沁み込んでくるような気になったものだった。

早い列車やバスにも、アジアの空気が漂っているが、鈍行列車のそれに比べると、どこか早さや快適さをとり繕った部分が見え隠れしてしまう。そこにもアジアの流儀があり、また楽しくもあるのだが、アジアの鈍行列車には、時間も速度もどこ吹く風といった潔さがあった。アジアの乗り物の王道にも思えるのだった。

アジアの旅ばかり続けてきたが、すでに五十代の半ばにさしかかっている。若い頃のように、その先へ、その先へと進む足どりも鈍くなってきている。

このへんでひと休み……。

鈍行列車を包む時間感覚に、僕の年齢はなじんできているようでもあった。

しかしそう悠長にも構えてはいられなかった。アジアの経済成長はめざましく、ひとつ、ひとつの駅に丁寧に停まっていく鈍行列車が、ダイヤから次々に消えつつあったのだ。経済成長の時代には似合わない乗り物なのだ。

僕らがこの旅を進める間にも、消えてしまった鈍行列車すらあった。あと何年かしたら、アジアの鈍行列車は、かなりの便がバスに替わってしまうのかもしれない。僕らはそんな時代の流れに追われるようにして、鈍行列車に揺られ続けたのである。

この旅は二〇一〇年の一月から十一月まで断続的に続いた。カメラマンの中田浩資氏と日程を合わせ、鈍行列車に乗りにでかけた。彼は列車が停まると、待ち構えていたかのようにホームに降りる。僕は乗り遅れるのではないかと気をもむのだが、列車が出発してしばらくすると、カメラを抱え、息を切らしながら席に戻ってくる。

そんな彼の写真をできるだけ多く掲載した本書ができあがった。

互いによくビールを飲んだ。アジアの風に吹かれる鈍行列車旅には、ビールがぴったり合うような気がする。そのせいか、旅が終わって尿酸値が少しあがった。
出版にあたり、双葉社の竹原晶子さんのお世話になった。

二〇一一年一月

下川裕治

著者（右）と中田浩資氏（左）、フィリピン国鉄の線路上で

中田浩資（なかた・ひろし）
1975年徳島県徳島市生まれ。フォトグラファー。1997〜1999年の北京滞在中、通信社にて報道写真に携わる。帰国後、会社員などを経て2004年よりフリーランス。旅行写真を中心に雑誌、広告等で活動中。2011年８月、新宿エプサイトギャラリーにて写真展「アジアンローカルライン」開催。
http://nakata-photo.jp/

本書は、朝日新聞社ウェブサイト「どらく」連載「クリックディープ旅　世界の鈍行列車編」二〇一〇年三月～同年十二月配信の記事を元に、新たに書き下ろし、写真を追加して構成したものです。

双葉文庫

し-13-14

鈍行列車《どんこうれっしゃ》のアジア旅《たび》

2011年2月13日　第1刷発行
2011年7月8日　第2刷発行

【著者】
下川裕治《しもかわゆうじ》+中田浩資《なかたひろし》

【発行者】
赤坂了生

【発行所】
株式会社双葉社
〒162-8540 東京都新宿区東五軒町3番28号
[電話] 03-5261-4818(営業)　03-5261-4837(編集)
http://www.futabasha.co.jp/
(双葉社の書籍・コミックが買えます)

【印刷所】
慶昌堂印刷株式会社

【製本所】
株式会社ダイワビーツー

【表紙・扉絵】南伸坊
【フォーマット・デザイン】日下潤一
【フォーマットデジタル印字】ブライト社

落丁・乱丁の場合は送料双葉社負担でお取り替えいたします。
「製作部」宛にお送りください。
ただし、古書店で購入したものについてはお取り替えできません。
[電話] 03-5261-4822(製作部)

ISBN978-4-575-71371-8 C0176
Printed in Japan